SARAH WIENER

Das große Sarah Wiener Kochbuch

SARAH WIENER

Das große Sarah Wiener Kochbuch

www.knaur.de/sarahwiener

Bildnachweis
Fotos: Umschlagfoto: Brigitte Sporrer, Christine Schneider; Alle Foodfotos und Fotos der Arbeitsschritte: Brigitte Sporrer; Foodstyling: Julia Skowronek; Alle Peoplefotos: Brigitte Sporrer, Christine Schneider; Restliche Fotos: Irma Schick S. 6 oben, 94, 216, 238; Stockfood / Eising S. 222 / Innerhofer Fotodes. S. 239
Illustrationen: Alpenverlag Heinz Glaser GmbH München S. 29 links; Robert Cantieni S. 29 unten rechts, 83 oben; Hans Grohé S. 6, 7, 23 unten, 29 Mitte, 30, 52, 54, 60, 77, 83 Mitte, 84, 89, 98, 101 Mitte, 104, 110, 115, 120, 126 unten, 129, 131, 135, 141, 147, 156, 157, 159, 161, 163 unten, 168, 170, 178, 181, 185, 187, 189, 190, 199, 204, 207 oben, 208, 210 Mitte, 214, 239, 243, 245, 246, 254, 256, 259, 261, 264; Betty Kothe-Marxmeier S. 11 oben, 133 unten; Jürgen Ritter S. 11 Mitte, 41 unten; Irma Schick S. 10, 15, 19, 21, 23 oben u. rechts, 25, 39, 40, 42, 44, 47, 49, 50, 51, 58, 65, 68, 75, 78, 82, 83 unten, 94, 96, 101 oben, 106, 108, 109, 112, 116, 119, 123, 132, 133 Mitte, 143, 148, 154, 155, 163, 167, 176, 183, 197, 200, 207, 210 oben u. unten, 216, 221, 222, 228, 231, 232, 235, 238, 241, 263, 267;
Otto Schmeil, Biologisches Unterrichtswerk, Tierkunde, Band 1 S. 36;
Sarah Wiener GmbH S. 4

Wichtiger Hinweis
Die im Buch veröffentlichten Ratschläge wurden von Verfasserin und Verlag mit größter Sorgfalt erarbeitet und geprüft. Eine Garantie kann jedoch nicht übernommen werden. Ebenso ist eine Haftung der Verfasserin bzw. des Verlages und seiner Beauftragten für Personen-, Sach- oder Vermögensschäden ausgeschlossen.

Bibliografische Information der Deutschen Nationalbibliothek
Die Deutsche Nationalbibliothek verzeichnet diese Publikation in der Deutschen Nationalbibliografie; detaillierte bibliografische Daten sind im Internet über http://dnb.d-nb.de abrufbar.

© 2007 Knaur Ratgeber Verlag.
Ein Unternehmen der Droemerschen Verlagsanstalt Th. Knaur Nachf. GmbH & Co. KG, München. Alle Rechte vorbehalten.

Das Werk einschließlich aller seiner Teile ist urheberrechtlich geschützt. Jede Verwertung außerhalb des Urhebergesetzes ist ohne Zustimmung des Verlages unzulässig und strafbar. Das gilt insbesondere für Vervielfältigungen, Übersetzungen, Mikroverfilmungen und die Einspeicherung und Verarbeitung in elektronischen Systemen. Es ist deshalb nicht gestattet, Abbildungen dieses Buches zu scannen, in PCs oder auf CDs zu speichern oder in Computern zu verändern oder einzeln oder zusammen mit anderen Bildvorlagen zu manipulieren, es sei denn mit schriftlicher Genehmigung des Verlages.
Bei der Anwendung in Beratungsgesprächen, im Unterricht und in Kursen ist auf dieses Buch hinzuweisen.

Programmleitung: Cornelia Philipp
Projektleitung: Kathrin Gritschneder
Redaktion: Dorothea Steinbacher
Bildredaktion: Sylvie Busche (Ltg.), Markus Röleke
Illustrationen: Irma Schick, www.irmaschick.com
Layout, Satz und Umschlaggestaltung: Irma Schick
Herstellung: Dagmar Guhl
Reproduktion: Repro Ludwig, A-Zell am See
Druck und Bindung: Offizin Andersen Nexö Leipzig GmbH, Zwenkau
Printed in Germany

ISBN 978-3-426-64363-1

5 4 3 2 1

Bitte besuchen Sie uns im Internet: www.knaur.de/sarahwiener
Weitere Titel aus den Bereichen Gesundheit, Fitness und Wellness finden Sie im Internet unter www.wohl-fit.de

»Für Artur und Andreas
in Zuneigung«

Inhalt

Vorwort	8
Vorspeisen	Kleine Gerichte	10
Vorspeisen	Suppen	50
Hauptspeisen	Fleisch & Geflügel	82
Hauptspeisen	Fisch & Meeresfrüchte	132
Hauptspeisen	Vegetarisches	154
Hauptspeisen	Mehlspeisen	190
Nachspeisen	Süßes & Gebäck	210
Nachwort	265
Danksagung	266
Register	268

Meine Philosophie? Erstklassige Zutaten

Wie ist meine Küche? Wie koche ich? – Gute Frage! Leicht, einfach, unkompliziert, intuitiv, spontan, mit großer Freude und Leidenschaft koche ich. Der Geschmack kommt als Allererstes. Der Geschmack ist das Wichtigste. Nicht, ob es etwas »hermacht« oder gerade schick ist und ganz sicher nicht, ob etwas aufwendig (Pinzetten und Skalpelle gehören nicht zu meinen Küchenarbeitsgeräten) oder teuer ist und Luxuszutaten braucht.

Ich liebe es, gut zu essen. Mit »gut« meine ich gut und nicht viel! Ich möchte schmecken, welches Gemüse ich gerade esse und welchen Fisch und welches Aroma die Nachspeise auf die Zunge zaubert. Das erreicht man natürlich nur mit ganz frischen Zutaten, mit reifem Obst und knackigem Gemüse. Welche Zutaten am besten zusammenpassen, welche Gewürze einem Gericht den letzten Pfiff geben, aber auch neue Kombinationen, ungewohnte Speisen – das auszuprobieren liebe ich, das ist mein Leben.

Ich esse überall, in allen Ländern, unbekannte Gerichte und koche dann nach, was mir geschmeckt hat. Oft verändere ich die Gerichte so lange, bis ich sie perfekt finde. Oft bereite ich ein Gericht immer wieder mit unterschiedlichen Grundzutaten zu, oder ich entdecke eine seltene Gemüsesorte auf dem Markt, die ich mit meinem Lieblingsrezept ausprobiere.

Und genauso funktioniert es ja auch zu Hause: Im Alltag läuft man nicht in Spezialgeschäfte, um bestimmte Zutaten für ein exotisches Gericht zu suchen. Man schaut in den Kühlschrank, in die Speisekammer und bereitet aus dem Vorhandenen eine Mahlzeit zu. Um präzise zu sein – so kochen Frauen. Frauen, die für die alltäglichen Mahlzeiten der Familie zuständig sind. Die kochen so, und viele von ihnen sind große Köchinnen.

Doch leider gibt es immer weniger Menschen, die noch kochen oder kochen können. Zwei Drittel der Deutschen kochen nie, wenn man Umfragen glauben darf. Ich frage mich seit langem, wie diese Menschen dann eigentlich leben – und Leben hat viel mit Essen zu tun! Denn Fertigkost aus der Gefriertruhe, aus der Dose oder aus der Kantine kann ja nicht die Lösung sein.

Jeder Mensch sollte kochen können! Wir sollten schon unseren kleinen Kindern beibringen, wie man eine einfache Mahlzeit zubereitet und den Geschmack trainieren kann. Im Kindergarten muss man damit anfangen und in der Schule weitermachen. Kochen ist keine Hexerei. Aber Kochen lernt man nur durch Kochen.

Kochen ist kreativ und macht so einfach Spaß.
Letztlich muss aber jeder selbst wissen, welche Art zu kochen ihm an meisten liegt. Es sollte nur eine Kochinstanz geben: die eigene Zunge.

Sarah Wiener

Vorspeisen | Kleine Gerichte

Tortino di carciofi

Für 4 Personen:
10 Artischocken
Saft von 1 Zitrone
2 Knoblauchzehen
2 EL gehackte Petersilie
5-6 EL Olivenöl
Salz
Pfeffer aus der Mühle
3 Eier
4 EL geriebener Pecorino
Butter für die Form

1 Die Artischocken säubern, die äußeren harten Blätter entfernen und die Stiele einkürzen. Artischocken in dünne Schnitze schneiden und in Wasser mit Zitronensaft legen.

2 Die Knoblauchzehen abziehen und mit einem Messer etwas zerdrücken. In einer Pfanne die zerdrückten Knoblauchzehen und die Petersilie mit etwas Olivenöl anbraten. Die Artischocken und 1 Glas Wasser dazugeben, mit Salz und Pfeffer abschmecken. Alles mischen und etwa 40 Minuten bei geringer Hitze abgedeckt kochen lassen. Die Flüssigkeit sollte verdunstet sein.

3 Den Backofen auf 200 °C vorheizen. Die Eier verquirlen und mit dem Pecorino mischen. Die gegarten Artischocken untermengen. Eine Tarteform gut ausbuttern, die Artischocken einfüllen und glatt streichen.

4 Die Form in den vorgeheizten Backofen stellen und einige Minuten garen, bis die Eier gestockt sind. Den Tortino in Stücke schneiden und warm oder kalt servieren.

Tipp

Aus Sardinien und Sizilien kommt eine Spezialität, die wunderbar zu Artischocken passt: Bottarga. So nennt man den Rogen der Meeräsche (bottarga di muggine), der eingesalzen, getrocknet und zu einem Block gepresst lange haltbar ist. Von diesem Block schneidet man dünne Scheibchen ab und verzehrt sie auf geröstetem Weißbrot, nur mit bestem Olivenöl beträufelt.

Rucolasalat
mit Steinpilzen und Kaninchen

Für 4 Personen:
8 Steinpilze
2 EL Olivenöl
2 Kaninchenrückenfilets
Salz, Pfeffer
50 g Butterschmalz
500 g Rucola
20 g Pinienkerne

Für die Salatsauce
1 EL Nussöl
1 EL Pflanzenöl
1 EL Balsamico bianco
2 cl roter Portwein
Saft von ½ Limette
Salz, Pfeffer, Zucker

1. Die Zutaten für die Salatsauce mit dem Schneebesen verrühren und abschmecken.
2. Die Steinpilze putzen, in Scheiben schneiden und in Olivenöl anbraten. Die Kaninchenrückenfilets würzen und in Butterschmalz rundherum anbraten.
3. Den Rucola waschen, klein zupfen und mit der Salatsauce marinieren. Die Kaninchenfilets in dünne Scheiben schneiden und auf dem Salat verteilen. Mit Steinpilzscheiben umlegen und mit den Pinienkernen bestreuen.

Tipp
Die Kaninchenfilets werden nur kurz gebraten, damit sie innen noch rosa bis leicht blutig sind. Wenn Sie sie lieber ganz durchgegart mögen, wickeln Sie sie nach dem Anbraten in Alufolie und lassen sie im warmen Backofen nachziehen, bis der Salat fertig ist. Sie sollten sie aber nicht länger in der Pfanne braten, sonst wird das zarte Fleisch hart.

Petersilien-Bulgur-Nest mit Ei und Blüten

Für 6 Personen:
5 EL Bulgur
2 Bund Petersilie
1 Bund Minze
2 weiße Zwiebeln
1 TL Piment
2 reife Tomaten
1 unbehandelte Zitrone
2 EL kalt gepresstes Olivenöl oder Bio-Rapsöl
3 EL Weißweinessig
6 Eier
Fleur de Sel (Meersalz)
Pfeffer
1 Messerspitze Safranfäden
3 EL warme Milch
4 EL Crème fraîche
1 Messerspitze gemahlener Kreuzkümmel (Cumin)
einige violette Bartnelken (oder andere essbare Blüten wie Stiefmütterchen)

1. Den Bulgur in einem Sieb abbrausen, dann in einen Topf mit kochendem Wasser geben und in etwa 15 Minuten bissfest garen.
2. Petersilie und Minze fein hacken. Die Zwiebeln ebenfalls fein hacken und mit Piment mischen. Die Tomaten entkernen und fein hacken. 3 Esslöffel Zitronensaft, die abgeriebene Zitronenschale und das Olivenöl hinzugeben. Alles mit dem abgeseihten Bulgur mischen und wie Nester auf sechs Portionstellern anrichten.
3. Einen Liter Wasser mit dem Weißweinessig zum Kochen bringen. Die Eier einzeln in Schälchen aufschlagen. Die Eier einzeln in das kochende Essigwasser gleiten lassen und 1 bis 2 Minuten gar ziehen lassen. Mit einem Schaumlöffel herausnehmen und je ein Ei in jedes Bulgurnest setzen. Mit etwas Fleur de Sel und Pfeffer würzen.
4. Die Safranfäden in der warmen Milch auflösen. Mit Crème fraîche und Cumin verrühren. Die Creme über die warmen Eier gießen und den Salat mit Blüten verzieren.

Tipp

Essbare Blüten zum Verzieren Ihrer Speisen sollten Sie nur aus dem eigenen Garten nehmen oder aus dem einer vertrauenswürdigen Person – jedenfalls nicht aus dem Blumenladen. Blüten, die für die Vase gedacht sind, könnten mit Mitteln behandelt sein, die unverträglich sind.

Melonensalat mit Feta und Minze

Für 4-6 Personen:
Saft von 2 Bio-Orangen und
1 Bio-Zitrone
½ TL Meersalz
½ frische Chilischote
1 Honig- oder Netzmelone
½ Wassermelone
1 Cantaloupe-Melone
1 Handvoll frische Minze
etwa 150 g Fetakäse

1. Orangen- und Zitronensaft mit Salz und fein gehackter Chilischote mischen.
2. Die Melonen schälen, eventuell entkernen und in Würfel schneiden – je nach Geschmack in kleine (1 cm) oder größere (2 ½ cm) Würfel. Die Marinade darübergeben.
3. Die Minze grob schneiden und unterheben. Den Salat vor dem Servieren wenn möglich 1 Stunde durchziehen lassen.
4. Zum Servieren den Fetakäse mit einer Gabel zerbröseln und über den Salat streuen.

Variante: Fruchtiger Melonensalat mit Ziegenkäse
Statt der drei Melonensorten nur ½ Wassermelone verwenden und diese mit 200 Gramm frischen Himbeeren und 200 Gramm gewürfeltem Pfirsich mischen. Den Salat mit 4 Esslöffel in einer Pfanne ohne Fett gerösteten Pinienkernen bestreuen. Unmittelbar vor dem Servieren pro Portion einen kleinen runden Ziegenfrischkäse auf ein Blech mit Backpapier setzen und mit einigen abgezupften Thymianblättchen bestreuen. Unter dem Grill kurz überbacken, bis der Käse hellbraune Ränder bekommt. Den warmen Ziegenkäse auf den Melonensalat setzen und je 1 Teelöffel Honig darauftraüfeln.

Gurkensalat mit Chili

Für 4 Personen:
1 Gurke
Salz
2 Knoblauchzehen
1 Prise Cayennepfeffer
1-2 rote Chilischoten
100 g saure Sahne oder
Sahnejoghurt
Olivenöl
Zitronensaft
Pfeffer
Petersilie

1   Die Gurke schälen und fein hobeln. Die Gurkenscheibchen mit ½ Teelöffel Salz vermischen und in ein Sieb geben. Mit den Händen gefühlvoll ausdrücken und noch etwas stehen lassen, den Saft wegschütten.
2   Die Knoblauchzehen abziehen und zu den Gurkenscheibchen pressen. Mit Cayennepfeffer würzen. Je nach gewünschter Schärfe 1 oder 2 Chilischoten entkernen und fein würfeln. Alles mit saurer Sahne oder Joghurt mischen. Den Salat mit Olivenöl, Zitronensaft und Pfeffer abschmecken. Mit frisch gehackter Petersilie bestreuen.

Variante I: Indischer Gurkensalat
Indisch schmeckt der Gurkensalat, wenn Sie die Petersilie weglassen und dafür 1 großes Bund Minze hacken und unterziehen. Statt 100 Gramm saurer Sahne nehmen Sie dann 250 Gramm griechischen Sahnejoghurt. Dieser Gurken-Minze-Joghurt schmeckt hervorragend zu allen Fleischcurrys, aber auch zu anderem gebratenen Fleisch.

Variante II: Griechischer Gurkensalat
Nach Mittelmeer und Griechenland schmeckt der Gurkensalat, wenn Sie ihn weniger scharf machen – nehmen Sie also nur 1 Chilischote – und dafür noch mit 150 Gramm würzigem Schafskäse vermischen, den Sie einfach mit der Gabel grob zerdrücken und untermischen. Bestreuen Sie den Salat nach Ihren Vorlieben mit Petersilie oder mit Petersilie und Minze oder auch mit ein paar Blättchen Zitronenthymian.

Melanzani-Tomaten-Salat mit Rosinen

Für 4 Personen:
1 Handvoll Rosinen
etwas Rum oder Cognac
(oder Orangensaft)
2 Melanzani (Auberginen)
Salz
Mehl
2 Knoblauchzehen
500 g reife Tomaten
1 Chilischote
Olivenöl
1 TL Tomatenmark
etwas leichter Rotwein
1 Stengel frische Minze
Pfeffer
4 EL Joghurt

1. Die Rosinen am Vortag in etwas Rum oder Cognac einweichen.
2. Die Melanzani in kleine Würfel schneiden, salzen und stehen lassen, bis Wasser austritt. Mit Küchenpapier trocken tupfen und in etwas Mehl wenden.
3. Die Knoblauchzehen fein hacken. Die Tomaten entkernen und grob würfelig schneiden. Die Chilischote entkernen und fein hacken.
4. Die Melanzani-Würfel im heißen Olivenöl rundherum goldbraun anbraten. Knoblauch dazugeben und kurz mitbraten. Tomaten- und Chiliwürfel ebenfalls zugeben und kurz mitschmoren.
5. Die eingeweichten Rosinen dazugeben, mit etwas Tomatenmark, leichtem Rotwein und Wasser (1:2) ablöschen. Vom Herd ziehen und etwas abkühlen lassen. Den Salat mit gehackter Minze, Salz und Pfeffer abschmecken. Jede Portion mit 1 Esslöffel Joghurt verzieren.

Pizzataschen mit Friseesalat

Für 4 Personen:
Für den Teig
500 g Mehl
42 g Hefe (1 Würfel)
1 TL Zucker
1 Ei
3 EL Olivenöl
1 TL Salz
220 ml lauwarmes Wasser

Für die Füllung
3 Knoblauchzehen
1 Gläschen eingelegte Kapern
1 Gläschen eingelegte Sardellenfilets
1 grüne Chilischote
2 EL Olivenöl
1 großer Friseesalat
2 Handvoll schwarze oder grüne Oliven ohne Stein
einige Zweige frische Kräuter (z.B. Petersilie, Oregano, Salbei, Brennnesseln)
Salz
Olivenöl zum Bestreichen

1. Die Zutaten für den Teig rasch mit den Händen verkneten. 30 Minuten abgedeckt an einem warmen Ort gehen lassen.
2. Für die Füllung den Knoblauch abziehen und mit Kapern und Sardellen fein hacken. Chilischote putzen und hacken. In einer Pfanne das Olivenöl erhitzen und Knoblauch, Sardellen, Chili und Kapern darin anschwitzen.
3. Den Friseesalat putzen, waschen, in Stücke zupfen und tropfnass etwa 15 Minuten mit anschmoren. Zum Schluss in Ringe geschnittene Oliven und klein gehackte Kräuter unterheben und die Pfanne vom Herd nehmen. Wenn Sie Brennnesseln zum Würzen verwenden, diese zusammen mit dem Friseesalat etwa 10 Minuten in der Pfanne anschmoren. Die Füllung salzen.
4. Den Backofen auf 200 °C vorheizen. Den Teig noch einmal durchkneten, ausrollen und in kleine Quadrate (ca. 10 x 10 cm) schneiden. Jeweils 1 bis 2 Esslöffel Füllung auf jedes Quadrat geben und die Taschen zu Dreiecken oder Rechtecken zusammenschlagen. Die Ränder jeweils gut andrücken.
5. Die Pizzataschen mit Öl bestreichen, auf ein mit Backpapier belegtes Blech setzen und im vorgeheizten Backofen 15 bis 20 Minuten backen.

Tipp
Die Pizzataschen schmecken übrigens genauso gut mit Wirsing statt Friseesalat.

Variante: Calzone
Wer mag, kann auch eine **Calzone**, also eine große Pizzatasche, daraus machen. Diese dann aber 30 bis 40 Minuten backen.

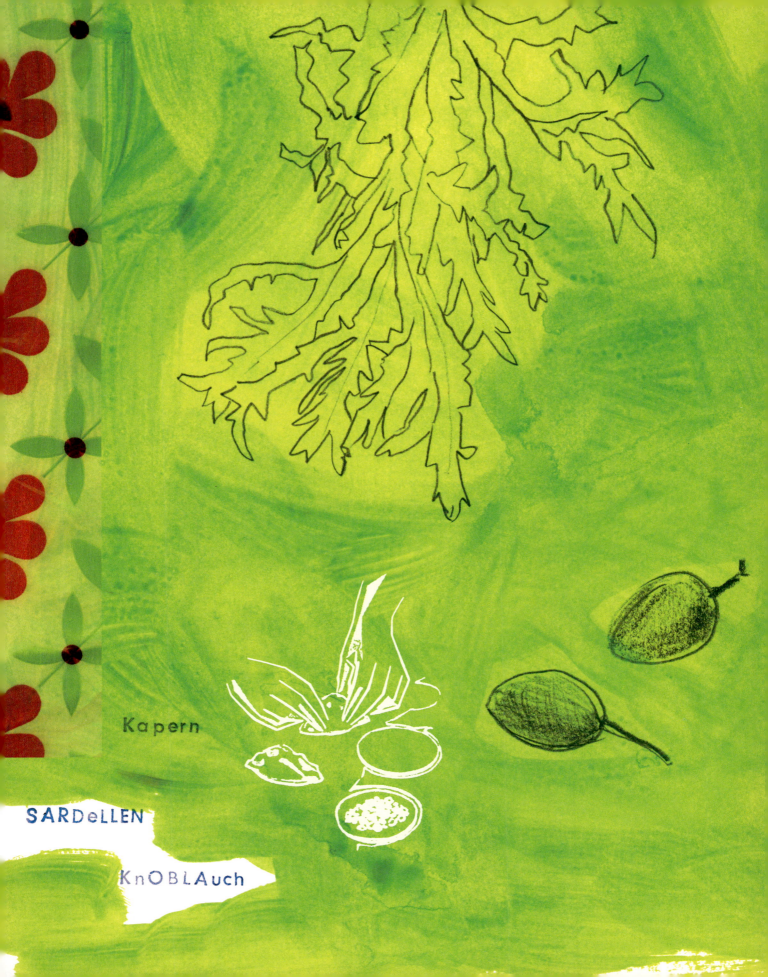

Brotsalat mit Tomaten und Kapern

Für 4 Personen:
1 Ciabatta-Brot
1 Knoblauchzehe
7 EL Olivenöl
500 g Tomaten
je ½ Bund Basilikum
und glatte Petersilie
1 EL Kapern
3 EL Zitronensaft
Salz, Pfeffer

1. Das Brot in etwa 2 x 2 Zentimeter große Würfel schneiden. Den Knoblauch abziehen und grob hacken. Die Brotwürfel in einer Pfanne mit 1 Esslöffel Olivenöl einige Minuten rösten, zum Schluss den Knoblauch zugeben.
2. Die Tomaten waschen und achteln. Die Tomaten entkernen. Die Kräuter und Kapern grob hacken. Alles mit den Brotwürfeln mischen.
3. Restliches Olivenöl, Zitronensaft, Salz und Pfeffer zu einem Dressing verrühren, über den Brotsalat geben und alles gut vermengen. Den Brotsalat vor dem Servieren 1 bis 2 Stunden ziehen lassen.

Tipp

Dieser Salat gehört zu meinen liebsten Gerichten aus der italienischen Landküche. Ganz wichtig, damit er gut schmeckt: sonnengereifte rote Tomaten.

Indianisches Brot (Bannock)

Für 4 Personen:
200 g Mehl
1 EL weiche Butter
½ TL Salz
1 TL Weinstein-Backpulver
1 EL Zucker
75 ml warmes Wasser
2 Knoblauchzehen
Pflanzenöl zum Einpinseln

1. In einer Schüssel Mehl, Butter, Salz, Backpulver und Zucker mischen. Das warme Wasser hinzufügen und alles gut durchkneten. Den Teig in vier Stücke teilen, zu Kugeln rollen und diese mit den Handballen zu kleinen runden Fladen drücken.
2. Den Knoblauch abziehen und durch die Presse drücken. Mit dem Pflanzenöl vermischen. Die Teigfladen mit diesem Knoblauchöl einpinseln.
3. Die Fladen auf dem Rost oder auf einem Backblech bei mittlerer Hitze des Grills (175 °C) 15 Minuten backen. Das Brot wenden, wenn eine Seite goldbraun ist.

Tipps

~ Bannock schmeckt am besten ganz frisch. Zucker und Butter kann man auch weglassen, sie dienen nur der Geschmacksverbesserung.
~ Bannock ist ganz einfach herzustellen, gelingt immer, und man braucht nur Zutaten, die es überall auf der Welt gibt. Bannock kann man sowohl in der Pfanne über dem Lagerfeuer zubereiten als auch im heimischen Backofen. Es gilt als Geheimtipp unter Outdoorsportlern und Abenteuerern – angeblich ist es ein »Indianerbrot«, dabei stammt das Bannock eigentlich aus Schottland. Dort wurde es mit Hafer- und Gerstenmehl zubereitet, und die Auswanderer trugen das Rezept in die Neue Welt. So lernten die Indianer das einfache Brot kennen. Im 18. und 19. Jahrhundert fand es bei den Ureinwohnern von Ostkanada Verbreitung, wo es vor allem mit Weizenmehl zubereitet wird.

Beduinenbrot

Für 4 Personen:
500 g Mehl
150 ml Milch
150 ml neutrales Pflanzenöl
(z.B. Sonnenblumenöl,
Rapsöl, Maiskeimöl)
1 TL Salz

1. Für den Teig Mehl, Milch, Öl und Salz vermengen und zu einem geschmeidigen Teig kneten. 1 Stunde im Kühlschrank ruhen lassen.
2. Den Teig in acht Stücke teilen und zu pfannenkuchendünnen Fladen ausrollen.
3. Die Fladen in einer Pfanne ohne Fett bei großer Hitze etwa 3 bis 4 Minuten pro Seite backen, bis sie gar und schön braun sind.

Tipp

Das Beduinenbrot schmeckt am besten ganz frisch zu Käse und Mixed pickles.

Variante: Chapati

Ähnlich werden indische **Chapatis** zubereitet: Man braucht dafür nicht einmal Milch, sondern nur Mehl, Öl, Salz und Wasser. In Indien nimmt man Atta, ein sehr feines Weizenvollkornmehl, das bei uns in Asialäden unter der Bezeichnung Chapatimehl erhältlich ist. Mischen Sie 500 Gramm Mehl mit 2 Esslöffel Öl, 1 Teelöffel Salz und so viel Wasser, dass ein gut formbarer Teig entsteht. Etwa 15 Minuten ruhen lassen und etwa 15 dünne Fladen daraus formen. Diese bei starker Hitze in der trockenen Pfanne von jeder Seite etwa 1 Minute backen. In einem Küchentuch warm halten und zu Curry-Gerichten servieren.

Rinderfilet mit Forellen-Estragon-Sauce

Für 6 Personen:
1 gleichmäßig dickes Stück
Rinderfilet (ca. 700 g)
1 Stange Staudensellerie
1 Karotte
2 Schalotten
1 Lorbeerblatt
1 l trockener Weißwein
Salz

Für die Sauce
150 g geräuchertes
Forellenfilet
2 ganz frische Eigelbe
200 ml neutrales Pflanzenöl
(z.B. Sonnenblumenöl,
Rapsöl)
Salz, Pfeffer
1–2 EL Zitronensaft
einige Stengel Estragon

1 Das Rinderfilet in eine Schüssel legen. Sellerie, Karotte und Schalotten putzen und in grobe Stücke schneiden. Zusammen mit dem Lorbeerblatt und dem Weißwein zum Filet geben. Das Filet abgedeckt 24 Stunden durchziehen lassen, dabei ein- bis zweimal wenden.

2 Am nächsten Tag das Filet mit Sud und Gemüse in einen Topf geben und so viel Wasser zugießen, dass das Filet gerade bedeckt ist. Aufkochen, salzen und offen etwa 45 Minuten sieden lassen. Das Filet im Sud abkühlen lassen, herausnehmen und kurz abtropfen lassen.

3 Für die Sauce die Forellenfilets zerpflücken und mit den Eigelben im Mixer pürieren. Langsam das Öl einlaufen lassen und weitermixen. Nach und nach einige Esslöffel von der Rinderbrühe zugeben, bis eine sämige Sauce entstanden ist. Mit Salz, Pfeffer und Zitronensaft abschmecken.

4 Den Estragon waschen, trocken tupfen und die Blättchen fein schneiden. Die Hälfte davon unter die Forellensauce rühren.

5 Das Rinderfilet in dünne Scheiben schneiden, auf einer Platte anrichten und mit der Forellen-Estragon-Sauce bedecken. Mit dem restlichen Estragon bestreuen.

Thymia

Gefüllte Zucchiniblüten

Für 4 Personen:
12 Zucchiniblüten
½ Bund Thymian
1 Kästchen Kresse oder
Radieschensaat
200 g Robiola
(ersatzweise Doppel-
rahmfrischkäse)
200 g Gorgonzola
1 Eigelb
Salz, Pfeffer
Butter für die Form

1 Die Zucchiniblüten putzen, dazu den Blütenstempel aus dem Kelch herausschneiden und eventuelle Zucchinifrüchte abschneiden. Diese können aber in der Form mitgegart werden.
2 Thymian waschen, trocken tupfen und die Blättchen abzupfen. Kresse oder Radieschensaat abschneiden und etwas zerkleinern.
3 Den Backofen auf 180 °C vorheizen. Robiola reiben oder fein schneiden und mit dem zerdrückten Gorgonzola, Eigelb, Thymianblättchen und Kresse sorgfältig vermischen. Salzen und pfeffern.
4 Die Blütenkelche mit der Käsemischung füllen (siehe Steps S. 32), die Blütenblätter oben leicht zusammendrehen. Die gefüllten Blüten in eine gebutterte Ofenform legen und im vorgeheizten Backofen 15 bis 20 Minuten garen.

Variante: Griechische Füllung
Sehr lecker schmecken die Zucchiniblüten, wenn Sie je 200 Gramm Frischkäse und würzigen Schafskäse verwenden. Als zusätzliche Würze einige klein gehackte Rosmarinnadeln und geschnittenen Salbei nehmen.

Gefüllte Zucchiniblüten

1 Für die Füllung Kresse mit einem scharfen Messer etwas kleiner schneiden.

2 Die Blüten von den kleinen Zucchinifrüchten abschneiden.

3 Die zarten Blütenkelche beim Füllen sehr vorsichtig behandeln – sie reißen leicht.

Vorspeisen | Kleine Gerichte

Gefüllte Auberginenröllchen mit Mozzarella

Für 4 Personen:
1 Aubergine
2 Knoblauchzehen
5 EL kalt gepresstes Olivenöl
70 g Parmesan
1 Bund Petersilie
1 Tomate
1 Schalotte
1 Büffelmozzarella (ca. 125 g)
Fleur de Sel (Meersalz)
Pfeffer
gemahlener Piment

1 Den Backofen auf 200 °C vorheizen. Die Aubergine der Länge nach in hauchdünne Scheiben schneiden. Die beiden Knoblauchzehen abziehen, fein hacken und mit dem Olivenöl mischen. Die Auberginenscheiben mit etwas von diesem Knoblauchöl bepinseln, auf ein Backpapier legen und etwa 6 Minuten im Backofen garen, bis sie weich sind.

2 Den Parmesan reiben. Die Petersilie waschen, trocken tupfen und klein hacken. Die Tomate waschen, entkernen und fein würfeln. Die Schalotte abziehen und fein würfeln. Tomate und Schalotte in etwas heißem Knoblauchöl anschwitzen.

3 Den Mozzarella in kleine Würfel schneiden, mit dem Tomaten-Schalotten-Gemisch, der Petersilie und der Hälfte des Parmesans verrühren. Mit Fleur de Sel, Pfeffer und gemahlenem Piment abschmecken.

4 Diese Masse nun auf die Auberginenscheiben legen und die Scheiben zu kleinen Rollen aufrollen. Mit jeweils einem Zahnstocher verschließen. Die Rollen dicht nebeneinander auf ein Blech setzen, mit dem restlichen Öl beträufeln und den restlichen Parmesan darüberstreuen.

5 Die Rollen einige Minuten im Ofen bräunen. Die Röllchen können warm oder kalt genossen werden, man isst sie aus der Hand oder fasst sie am Zahnstocher.

Saté-Spieße mit Mango-Dip

Für 4 Personen:
Für die Spieße
500 g Hähnchenbrust oder Putenschnitzel
2 Schalotten
2 cm Ingwer
1 Stengel Zitronengras
1 EL Sojasauce
½ TL Salz
⅛ l Kokosmilch
2 EL Erdnussöl

Für den Mango-Dip
1 rote Zwiebel
2 reife Mangos
1 saftige Birne
2–3 EL Apfelsaft
2 TL Currypulver
Saft von ½ Zitrone
Salz, Pfeffer

1 Das Geflügelfleisch etwa 1 Stunde im Gefrierfach anfrieren lassen, dann in dünne Längsstreifen schneiden. Oder das Fleisch ohne Anfrieren in Würfel schneiden. Schalotten abziehen und fein schneiden, Ingwer schälen und reiben, das Zitronengras fein hacken. Die Gewürze mit Sojasauce, Salz und Kokosmilch verrühren und das Fleisch damit vermischen. Zugedeckt 8 Stunden ziehen lassen.

2 Für den Dip die rote Zwiebel abziehen und sehr fein hacken. Die Mangos schälen, das Fruchtfleisch vom Stein schneiden. Die Birne schälen, vom Kerngehäuse befreien und achteln. Mangos mit Birne und Apfelsaft im Mixer pürieren. Mit Currypulver, Zitronensaft, Salz und Pfeffer abschmecken.

3 Das Fleisch aus der Marinade nehmen, abtropfen lassen und auf Holzspieße stecken. Die Längsstreifen dabei ziehharmonikaförmig auffädeln. Das Erdnussöl in einer Pfanne oder im Wok erhitzen und die Spieße darin rundherum etwa 5 Minuten braten. Mit dem Mango-Dip servieren.

Variante: Süß-sauer-scharfe Chilisauce
Die Spieße tunkt man in Asien auch gern in **süß-sauer-scharfe Chilisauce**. Dafür jeweils 3 fein gehackte Knoblauchzehen und rote Chilischoten mit 3 Esslöffel Balsamico bianco, 3 Teelöffel Zucker und etwa 200 Milliliter Wasser aufkochen. 1 Teelöffel Maisstärke mit 1 Esslöffel Zitronensaft und 1 Esslöffel Wasser glatt rühren, in die Chilisauce rühren und aufkochen lassen, bis die Sauce klar wird.

Tunfischspieße mit grünem Apfel

Für 4 Personen:
2 saure Äpfel mit festem
Fruchtfleisch (Granny Smith)
500 g rotes Tunfischfilet
(Sushi-Qualität)
½ Zitrone
1 Bund Dill
1 kleines Stück Ingwer
2 EL helle Sojasauce
1 EL dunkle Sojasauce
2 EL Olivenöl
Salz, schwarzer Pfeffer
1 EL Erdnussöl
1 EL rosa Pfeffer

1   Äpfel schälen und vom Kernhaus befreien. Tunfisch und Äpfel in etwa 2 Zentimeter große Würfel schneiden. Die Zitrone auspressen und die Apfelstücke mit 1 Esslöffel Zitronensaft beträufeln.

2   Dill waschen, trocken tupfen und grob hacken, etwas Dill zum Bestreuen beiseitestellen. Den geschälten Ingwer reiben. Beides mit der hellen und der dunklen Sojasauce sowie dem Olivenöl mischen. Mit Salz und Pfeffer abschmecken. Die Tunfischwürfel in der Marinade 15 Minuten ziehen lassen.

3   Auf Holzzahnstocher je einen Würfel Tunfisch, einen Würfel Apfel und wieder einen Würfel Tunfisch spießen. Die Spieße in einer beschichteten Pfanne mit etwas Erdnussöl von jeder Seite etwa 1 Minute anbraten. Rosa Pfeffer im Mörser etwas stoßen. Die Spieße damit und mit etwas Dill bestreuen und sofort servieren.

Tipp

Die Spieße können Sie auch mit anderem Fischfleisch zubereiten, Hauptsache, es ist fest und zerfällt nicht gleich in der Pfanne. Geeignet sind zum Beispiel auch Lachs, Barsch oder Seeteufel.

Forellen-Mousse
mit Sauerampfer und Kapuzinerkresse

Für 4 Personen:
200 g geräuchertes
Forellenfilet
200 g Doppelrahmfrischkäse
2 EL Joghurt, Dickmilch
oder saure Sahne
2–3 TL frisch geriebener
Meerrettich
etwas Zitronensaft
Salz, Pfeffer
1 Handvoll junger
Sauerampfer
2 EL Butter
Kapuzinerkresseblüten
zum Verzieren

1 Das Forellenfilet zerpflücken und zusammen mit dem Doppelrahmfrischkäse und dem Joghurt pürieren. Mit Meerrettich, Zitronensaft, Salz und Pfeffer abschmecken. Kühl stellen.
2 Den Sauerampfer in Butter kurz andünsten. Die Blätter dekorativ auf vier Portionstellern verteilen. Je 1 Esslöffel von der Forellen-Mousse daraufsetzen. Mit Pfeffer aus der Mühle bestreuen und mit Kresseblüten verzieren.

Varianten
~ Diese Fisch-Mousse lässt sich auch mit anderen aromatischen Räucherfisch-Sorten zubereiten. Probieren Sie die Mousse zum Beispiel auch einmal mit Räucherlachs.
~ Wenn Sie keinen Sauerampfer zur Hand haben, servieren Sie die Mousse mit anderen Kräutern, wie etwa Dill, Brunnenkresse, Portulak oder Sauerklee. Diese aber nicht andünsten, sondern roh verwenden.

Kürbiskern-Mousse mit Ziegenfrischkäse

Für 6-8 Personen:
125 g Ziegenfrischkäse
250 g Magertopfen
100 g Kürbiskerne
80 g Kürbiskernöl
Salz, Pfeffer

1. Den Ziegenfrischkäse in einer Schüssel mit dem Magertopfen verrühren. Die Kürbiskerne grob hacken und in einer Pfanne ohne Fett leicht anrösten. Abkühlen lassen und zur Ziegenfrischkäse-Mischung geben.
2. Das Kürbiskernöl einrühren und die Mousse mit Salz und Pfeffer würzen. Entweder gleich in kleinen Portionsschälchen servieren oder, damit die Mousse etwas fester wird, mindestens 3 Stunden durchkühlen lassen. Dann kann man mit einem Löffel Nocken abstechen und auf Portionstellern servieren.

Tipps
~ Diese rustikale, aber dennoch fein schmeckende Mousse harmoniert vom Aroma und optisch mit einem kleinen **Petersiliensalat** als Begleitung. Dafür 4 Bund glatte Petersilie und 1 Bund Minze grob hacken, 2 schöne reife Tomaten und 1 rote Zwiebel fein würfeln. Alles mit dem Saft von 1 Zitrone, Salz und 3 Esslöffel Olivenöl vermischen.
~ Achten Sie besonders beim Kürbiskernöl auf Qualität. Das beste Öl kommt aus der Steiermark, es wird in bäuerlichen Betrieben aus den Kernen des Steirischen Ölkürbisses gepresst, der nur seiner Kerne wegen dort angebaut wird.

Paprika-Mousse mit Artischocken

Für 6 Personen:
Für die Paprika-Mousse
5 rote Paprikaschoten
5 Blatt weiße Gelatine
300 ml warme Gemüsebrühe
Salz
Cayennepfeffer
Zucker
Rotweinessig
Basilikum
100 g Crème fraîche

Für die Artischocken
Saft von 1 Zitrone
12 junge, kleine Artischocken
4 Knoblauchzehen
6 EL Olivenöl
Salz, Pfeffer
2 Zitronen

1. Die Mousse am Vortag zubereiten: Dafür die Paprikaschoten waschen, putzen und in breite Streifen schneiden. Unter dem Backofengrill rösten, bis die Haut schwarz wird und Blasen wirft. Paprika in einer Papiertüte etwas abkühlen lassen, die schwarze Haut abziehen und das Fruchtfleisch grob hacken. Gelatine in kaltem Wasser einweichen, dann tropfnass im Wasserbad auflösen.
2. Paprika zusammen mit der warmen Gemüsebrühe pürieren. Mit den Gewürzen abschmecken und zuerst die Gelatine, dann die Crème fraîche unterrühren. Die Masse in sechs kleine Förmchen füllen und die Mousse über Nacht in den Kühlschrank stellen.
3. Für die Artischocken eine große Schüssel mit Wasser und dem Saft der Zitrone bereitstellen. Den Stiel der Artischocken mit einem scharfen Messer knapp abschneiden. Die äußeren harten Blätter entfernen, bis der Artischockenboden fast frei liegt. Die Spitzen der übrigen Blätter großzügig abschneiden. Die Artischocken vierteln und sofort in das Zitronenwasser legen, weil sie sich sonst dunkel verfärben.
4. Den Knoblauch abziehen und in dünne Scheiben schneiden. Olivenöl in einer breiten Pfanne erhitzen. Artischocken aus dem Wasser nehmen, trocken tupfen und in dem heißen Olivenöl von allen Seiten in etwa 10 Minuten goldgelb braten. Knoblauch nach etwa 5 Minuten dazugeben. Die Artischocken salzen und pfeffern. Mit Zitronenachteln und der gestürzten Paprika-Mousse anrichten.

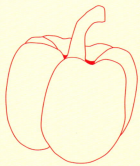

Schnelle Leberpastete mit grünem Pfeffer

Für 4 Personen:
150 g feine Kalbsleberwurst
50 g Crème fraîche
1 EL Cognac
1 EL eingelegter grüner Pfeffer
4 Thymianzweige zum Garnieren

1 Die Kalbsleberwurst mit Crème fraîche und Cognac gut verrühren. Grüne Pfefferbeeren unterziehen.
2 Die Pastete in vier Portionsförmchen streichen und mit je einem Thymianzweig garnieren.

Tipp

Bei diesem einfachen, aber raffinierten Rezept kommt es auf die Qualität der Leberwurst an. Wenn sie nicht selbst gemacht ist, sollte sie nur von einem guten Metzger stammen. Mit einem erstklassigen Ausgangsprodukt haben Sie dann viele Variationsmöglichkeiten: Verfeinern Sie die Pastete auch einmal mit Orangenlikör statt Cognac und mit eingemachten Preiselbeeren anstelle des grünen Pfeffers. Oder mischen Sie trockenen Sherry und Kapern darunter. Fein schmecken auch in Weinbrand oder Whisky eingelegte gehackte Backpflaumen als fruchtige Ingredienzien in der Pastete.

Joghurt-Topfen-Terrine mit Garnelen

Für 8 Personen:
7 Blatt weiße Gelatine
250 g Magertopfen
450 g Magermilchjoghurt
2 EL fein geschnittener Dill
2 TL frisch gepresster
Zitronensaft
Salz
Cayennepfeffer
100 ml trockener Wermut
(z.B. Noilly Prat)
1 TL Senfkörner
weißer Pfeffer
200 g Garnelen

1 5 Blatt und 2 Blatt Gelatine getrennt in kaltem Wasser einweichen. Topfen, Joghurt und Dill verrühren, mit Zitronensaft, Salz und Cayennepfeffer würzen.

2 5 Gelatineblätter tropfnass in einem kleinen Topf bei milder Hitze auflösen. Im Topf mit 3 Esslöffel Topfenmischung verrühren, dann das Ganze unter die restliche Topfenmasse rühren. Eine Rehrückenform (28 cm) mit Klarsichtfolie auslegen und die Hälfte der Topfenmischung einfüllen. 20 Minuten in den Kühlschrank stellen. Restliche Topfenmasse nicht kühlen.

3 Wermut mit Senfkörnern, Salz und Pfeffer 1 Minute kochen. Vom Herd nehmen, abseihen und restliche ausgedrückte Gelatine darin auflösen. Etwas abkühlen lassen.

4 Die Garnelen auf dem fest gewordenen Topfen in der Form verteilen. Wermutmischung daraufgießen und etwa 15 Minuten kalt stellen. Wenn sie fast erstarrt ist, restliche Topfenmasse glatt auf das Gelee streichen. Bis zum Servieren noch mindestens 3 Stunden, besser 8 bis 10 Stunden oder über Nacht kalt stellen.

5 Zum Servieren die Form stürzen, Klarsichtfolie abziehen und die Terrine in Scheiben schneiden.

Confit mit Äpfeln und roten Zwiebeln

Für 5 Gläser à 75 ml:
200 g rote Zwiebeln
100 g Gänsefett
Salz
2 EL Zucker
1 EL Honig
100 ml Weißwein
(z.B. Chardonnay)
100 ml Apfelsaft
300 g säuerliche Äpfel
(z.B. Boskop)
Pfeffer

1 Die Zwiebeln abziehen und fein würfeln. Das Gänsefett erhitzen und die Zwiebeln darin anziehen lassen, ohne dass sie Farbe annehmen. Etwas Salz, Zucker und Honig beigeben. Bei kleiner Hitze leise kochen lassen.
2 Abwechselnd in kleinen Mengen Weißwein und Apfelsaft dazugeben und jeweils einkochen lassen, bis die Zwiebeln weich sind, das dauert etwa 1 Stunde. In der Zwischenzeit die Äpfel schälen, vom Kerngehäuse befreien und in gleichmäßige Würfel schneiden.
3 Etwa 10 Minuten vor Ende der Garzeit die Apfelwürfel dazugeben und noch kurz mitkochen lassen. Mit Salz und Pfeffer abschmecken.

Tipps
~ Das Confit schmeckt fruchtig-fein zu herzhaft gewürzten Bratwürsten und Kartoffelpüree oder zu kurz gebratenem Fleisch. Man kann es aber auch zu Brot und Wild oder Wildgeflügel servieren.
~ Confit ist durch den Fettanteil gut haltbar. Länger als 4 Wochen sollte man es jedoch nicht aufbewahren.

Liptauer Käseaufstrich (Foto links oben)

Für 4-6 Personen:
200 g Brimsen (siehe Tipp)
200 g weiche Butter
2 Sardellenfilets
½ Zwiebel
1 Essiggurke
Salz, Pfeffer
½ TL Rosenpaprika
1 TL Paprikapulver, edelsüß
1 TL Kümmelsamen
2 EL Kapern

1   Brimsen mit der weichen Butter gut vermischen. Sardellenfilets, Zwiebel und Essiggurke fein hacken.
2   Alle Zutaten sehr gut miteinander verrühren und mindestens 1 Stunde in den Kühlschrank stellen. Auf kleine Brotscheiben gestrichen oder in Portionsförmchen, zusammen mit Brot, servieren.

Tipp
Brimsen nennt man den echten Liptauer Schafmilch-Frischkäse. Ein guter Ersatz dafür ist eine Mischung aus Topfen und Schafskäse zu gleichen Teilen.

Gorgonzola-Dip mit Petersilie (Foto rechts oben)

Für 4-6 Personen:
1 Bund Petersilie
200 g Gorgonzola
240 g Doppelrahmfrischkäse
4 EL Sahne
Salz, Pfeffer

1   Petersilie waschen und trocken schütteln. Die Blättchen abzupfen und fein hacken.
2   Gorgonzola mit einer Gabel fein zerdrücken. Gorgonzola, Frischkäse und Sahne verrühren.
3   Petersilie untermischen. Alles mit Salz und Pfeffer würzen. Auf frischem Brot servieren.

Paprika-Dip mit Topfen (Foto S. 46 unten rechts)

Für 2-4 Personen:
100 g Frischkäse
100 g Topfen
3 EL Ajvar (Paprikapaste)
Salz, Pfeffer, Tabasco
1 rote Paprikaschote

1. Den Frischkäse mit Topfen, Ajvar und den Gewürzen cremig rühren.
2. Paprikaschote halbieren, waschen, putzen und von Kernen und weißen Trennwänden befreien. In feine Würfel schneiden und unterrühren. Eventuell mit einigen zurückbehaltenen Paprikawürfeln bestreut garnieren.

Schneller Bärlauch-Dip (Foto S. 46 unten links)

Für 2-4 Personen:
200 g Frischkäse
5 TL Bärlauch-Pesto
(oder 1 Bund frischer Bärlauch)
4 EL Sahne
20 g Pinienkerne

1. Frischkäse mit Pesto und Sahne mischen. Frischen Bärlauch waschen, trocken tupfen und fein geschnitten unterrühren.
2. Die Pinienkerne in einer Pfanne ohne Fett leicht anrösten und über den Bärlauch-Dip streuen.

Tipp
Der Bärlauch-Dip schmeckt auch mit gehackten Walnusskernen bestreut sehr gut. Diese müssen nicht vorher angeröstet werden.

Vorspeisen | Kleine Gerichte

Parmesanröllchen mit Avocadofüllung

Für 4 Personen:
100 g sehr junger Parmesan
(Grana Padano,
ca. 9-10 Monate alt)
1 EL schwarzer Kümmel
1 EL Sesamsamen
1 reife Avocado
2 EL Limettensaft
2 Knoblauchzehen
Salz, Pfeffer
Cayennepfeffer
evtl. Tomaten- oder Karotten-
stifte zum Verzieren

1 Den Parmesan sehr fein reiben. Eine große, beschichtete Pfanne mit einem runden Backpapier in der Größe des Pfannenbodens auslegen. Auf dieses Papier dicke Metallringe (Ø 5-6 cm) oder Ausstechförmchen stellen (je dickwandiger die Ringe, desto einfacher bekommt man dann die Käsehippen aus der Form heraus). Den Boden der Ringe leicht mit Sesam oder schwarzem Kümmel bestreuen, danach die Ringe mit dem Käse ausstreuen. Den Käse bei mittlerer Hitze schmelzen lassen.

2 Das Papier herausnehmen, die Ringe abnehmen, den Käse leicht abkühlen lassen und die noch biegsamen Käsehippen über einen dicken Kochlöffelstiel oder Ähnliches biegen, so dass ein Röhrchen entsteht. Erkalten lassen.

3 Die Avocado schälen, den Kern entfernen und das Fleisch mit einem Pürierstab zerkleinern. Sofort Limettensaft zufügen, damit die Avocado nicht braun wird. Knoblauch abziehen und fein hacken. Zusammen mit Salz, Pfeffer und Cayennepfeffer unter das Avocadomus rühren. Die Masse in einen Spritzbeutel füllen.

4 Das Avocadomus in die erkalteten Käserollen füllen. Eventuell mit hauchdünnen Tomaten- oder Karottenstiften verzieren und bald servieren!

Vorspeisen | Suppen

Fenchelessenz mit Oliven-Tomaten-Zigarre

Für 4 Personen:
Für die Fenchelessenz
1 kleine Fenchelknolle
1 frische, reife Tomate
1 Schalotte
1 kleine Knoblauchzehe
2 EL Olivenöl
2 cl Anisschnaps
100 ml trockener Weißwein
300 ml Gemüsebrühe
200 g Sahne
Fleur de Sel (Meersalz)
Pfeffer

Für die Oliven-Tomaten-Zigarre
3 EL schwarze Oliven ohne Stein
1 getrocknete Tomate
1 EL Butter
1 TK-Strudelteigblatt
1 Eigelb

1 Den Backofen auf 180 °C vorheizen und zunächst die Oliven-Tomaten-Zigarren herstellen. Dafür die Oliven mit der getrockneten Tomate in einer Küchenmaschine fein hacken. Die Butter zerlassen. Das Strudelteigblatt vierteln und jedes Viertel mit Butter bestreichen. Die Oliven-Tomaten-Paste auf die vier Teigstücke streichen und diese wie Zigarren einrollen. Mit Eigelb bestreichen und auf einem Backblech im vorgeheizten Ofen etwa 15 Minuten kross backen.

2 Den Fenchel putzen und in Würfel schneiden. Das Fenchelgrün für die Garnitur aufheben. Die frische Tomate kurz heiß überbrühen, kalt abschrecken und häuten. Die Tomate entkernen und in kleine Würfel schneiden.

3 Schalotte und Knoblauch abziehen, fein hacken und im Olivenöl anschwitzen. Fenchel- und Tomatenwürfel zufügen. Schnaps dazugeben und kurz flambieren, mit Weißwein ablöschen. Die Flüssigkeit etwas einkochen lassen. Gemüsebrühe und Sahne zufügen und aufkochen.

4 Die Essenz mit einem Pürierstab mixen und durch ein Passiertuch streichen. Mit Salz und Pfeffer abschmecken. Zum Servieren die Fenchelessenz in vier kleine Gläser oder Espressotassen geben, mit jeweils einem Zweig Fenchelgrün verzieren und jeweils eine Oliven-Tomaten-Zigarre danebenlegen.

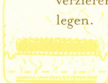

Backen   Kochen

Basili

Tomatensuppe mit Basilikumnockerln

Für 6 Personen:
2 kg Tomaten
200 g Zwiebeln
50 g durchwachsener Speck
1 l Fleischbrühe
1 Bund Basilikum
⅛ l Milch
40 g Butter
Salz
65 g Mehl
1 Ei

1 Tomaten waschen, von den Stielansätzen befreien und grob würfeln. Zwiebeln abziehen. Speck und Zwiebeln ebenfalls in Würfel schneiden.
2 Den Speck in einem Topf auslassen, die Zwiebeln dazugeben und andünsten. Tomaten und Fleischbrühe dazugeben und 10 bis 15 Minuten kochen lassen.
3 Basilikum waschen und fein schneiden, einige Blättchen zum Garnieren beiseitestellen. Die Milch mit Butter und Salz aufkochen, das Mehl dazugeben. So lange rühren, bis sich ein Teigkloß vom Boden löst. In eine Schüssel geben, etwas abkühlen lassen und das Ei unterschlagen. Den fast abgekühlten Teig mit dem Basilikum verkneten und kleine Nockerln formen.
4 Die Tomatensuppe durch ein Sieb streichen und die Nockerln bei milder Hitze darin ziehen lassen. Wenn sie gar sind, schwimmen sie oben. Suppe mit Basilikum bestreut servieren.

Variante
Probieren Sie die Nockerln mit verschiedenen Kräutern aus: Zur Tomatensuppe passen auch Thymian- oder Salbeinockerln. Gut schmecken die Nockerln auch mit Estragon.

Geeiste Gurkensuppe

Für 4 Personen:
1 Salatgurke
300 g Vollmilchjoghurt
4 EL Sahne
1 Schalotte
Salz, Pfeffer
Zucker
1 Spritzer Estragonessig
je 1 EL fein geschnittener
Dill und Borretsch
Borretschblüten zum
Garnieren

1. Die Gurke schälen, entkernen und zusammen mit dem Joghurt, der Sahne und der gehackten Schalotte im Mixer fein pürieren.
2. Das Gurkenpüree mit Salz, Pfeffer, Zucker und Essig kräftig abschmecken. Mit den Kräutern verrühren und gut gekühlt mit den Borretschblüten bestreut servieren.

Tipps

~ Verwenden Sie für diese wunderbar erfrischende, leichte Sommersuppe am besten dicke Gärtnergurken aus dem Freiland. Halbieren Sie die Gurken der Länge nach und schaben Sie die Kerne mit einem Esslöffel heraus.

~ Als Einlage für die Gurkensuppe passen heiße Croûtons oder Räucherlachsstreifen.

~ Die Suppe kann man auch gut in dickwandigen Cappuccino-Tassen servieren.

Tomatenkaltschale

Für 4 Personen:
500 g reife Tomaten
1 Zwiebel
3 EL Öl
½ l kräftige Brühe
Salz, Pfeffer
Tabasco
100 g Sahne
evtl. 1 Spritzer Sherry

1. Die Tomaten heiß überbrühen, kalt abschrecken, häuten und klein schneiden. Die Zwiebel abziehen und fein würfeln.
2. Öl, Zwiebelwürfel und Tomatenstücke im Mixer pürieren. Die Tomatenmischung zu der Brühe aufgießen und mit Salz, Pfeffer und Tabasco würzen.
3. Zum Servieren die Sahne halbfest schlagen, nach Belieben mit Sherry mischen. Auf jeden Teller Suppe eine Sahnehaube setzen.

Variante: Gazpacho

Die wohl bekannteste kalte Sommersuppe Europas ist der spanische **Gazpacho** – eine Mischung aus verschiedenen mediterranen Gemüsen, die im heißen Andalusien erfunden wurde. Dafür 2 Knoblauchzehen mit etwas Salz im Mörser fein zerstoßen. 1 Salatgurke, 2 grüne Paprikaschoten, 750 Gramm reife Tomaten waschen und schälen bzw. häuten und entkernen. Alles in kleine Würfel schneiden. 200 Gramm Weißbrot ohne Rinde in Wasser einweichen. Nun den Knoblauch, das ausgedrückte Weißbrot und die gewürfelten Gemüse (bis auf einige Würfel zur Verzierung) im Mixer pürieren. 2 Esslöffel Weißweinessig dazugeben und 6 Esslöffel Olivenöl langsam untermixen. Mit etwa 1 Liter Wasser nach und nach aufgießen, je nach gewünschter Konsistenz. Bis zum Servieren kalt stellen. Mit Gemüsewürfelchen und eventuell gerösteten Croûtons servieren.

Kräutersuppe mit Spinat

Für 2 Personen:
200 g Blattspinat
1 Knoblauchzehe
1 Zwiebel
1 EL Butter
600 ml heiße Gemüsebrühe
150 g Sahne
Salz, Pfeffer
1 Bund Petersilie
1 Eigelb

1. Den Blattspinat putzen, abspülen und grob hacken. Knoblauch und Zwiebel abziehen und fein hacken.
2. Knoblauch und Zwiebel in der heißen Butter glasig dünsten. Den Blattspinat dazugeben und kurz mitdünsten. Die heiße Gemüsebrühe und die Sahne dazugießen und erhitzen, nicht kochen lassen. Mit Salz und Pfeffer abschmecken. Petersilie waschen, trocken tupfen und hacken.
3. Das Eigelb in einer Tasse mit etwas Suppe verquirlen und in die Suppe rühren (auf keinen Fall mehr aufkochen, sonst gerinnt das Eigelb!). Kurz noch einmal heiß werden lassen und die Petersilie unterziehen. Die Suppe gleich servieren.

Rucolasuppe mit Parmesan

Für 4 Personen:
250 g Rucola
100 g gekochte Kartoffeln
1 Schalotte
1 EL Butter
1 Knoblauchzehe
700 ml Gemüsebrühe
200 g Sahne
Salz, Pfeffer
40 g Parmesan

1. Rucola waschen, verlesen und trocken tupfen. Einige Blätter zum Garnieren zurücklegen. Die Kartoffeln pellen und in Würfel schneiden.
2. Die Schalotte abziehen, fein hacken und in Butter glasig schwitzen. Den Knoblauch abziehen und dazupressen. Mit Brühe und Sahne ablöschen und die Kartoffelwürfel dazugeben. Einmal aufkochen lassen, den Rucola dazugeben und alles im Mixer fein pürieren.
3. Noch einmal kurz erhitzen und mit Salz und Pfeffer abschmecken. Auf Tellern mit gehobeltem Parmesan (mit dem Sparschäler abhobeln) und einigen Rucolablättern bestreut servieren.

Kardinalsuppe

Für 4 Personen:
1 kg Tomaten
1 Lorbeerblatt
2 Zweige Thymian
2 Gewürznelken
1 ½ l Rinderbrühe
3 EL Kartoffelmehl
2 EL Madeira
(ersatzweise Apfelsaft)
abgeriebene Schale von
½ unbehandelter Zitrone
¼ l Weißwein
(nach Belieben)
Salz, Zucker
weißer Pfeffer
Cayennepfeffer
250 g Sahne

1. Die Tomaten waschen und in Stücke schneiden. Zusammen mit Lorbeer, Thymian und Nelken in der Rinderbrühe weich kochen. Gewürze herausfischen und wegwerfen.
2. Die Suppe durch ein Sieb passieren, so dass die Tomatenschalen zurückbleiben. Das Kartoffelmehl mit Madeira glatt rühren und in die Tomatenbrühe einrühren. Die Suppe unter Rühren noch einmal 5 Minuten kochen und dabei eindicken lassen.
3. Die Suppe mit abgeriebener Zitronenschale, dem Weißwein, Salz, Zucker, Pfeffer und Cayennepfeffer abschmecken. Die Sahne steif schlagen.
4. Die Suppe in Portionsteller füllen und jede Portion mit einem Löffel geschlagene Sahne krönen.

Tipp

Diese klassische Suppe aus der Altwiener Küche war wohl einst hohen Würdenträgern wie zum Beispiel Kardinälen vorbehalten, enthält sie doch den teuren Madeirawein – in Originalrezepten bis zu ⅛ Liter.

Veltliner Weinsuppe

Für 4 Personen:
½ l gute Brühe
(siehe Grundrezept unten)
½ l trockener Weißwein
(am besten Grüner Veltliner)
Salz
Zimtpulver
frisch geriebene Muskatnuss
6 Eigelb
3-4 EL Crème double
250 g Sahne

1. Die Brühe mit dem Wein in einem ausreichend großen Topf aufkochen. Mit Salz, Zimt und Muskat würzen.
2. Die Eigelbe mit Crème double und der Sahne verquirlen und in die heiße Suppe rühren. Nicht mehr kochen lassen und sehr heiß servieren.

Tipp
Noch würziger schmeckt die Weinsuppe, wenn man zunächst 2 klein geschnittene Schalotten und 1 walnussgroßes Stück geriebenen Ingwer in etwas Butter andünstet und dann Brühe und Wein zugießt. Nach dem Aufkochen würzen und zugedeckt 15 Minuten ziehen lassen. Abseihen und mit Schritt 2 weitermachen.

Grundrezept für feine Brühe

Für 4 Personen:
250 g Kalbssuppenfleisch
150 g Kalbsknochen
1 Karotte
1-2 Zweige Petersilie
½ Zwiebel
1 Lorbeerblatt
½ TL Pfefferkörner
1 TL Meersalz

1. Fleisch, Knochen, Karotte und Petersilie waschen. Mit der Zwiebel und den Gewürzen in einen Topf geben und mit gut 1 Liter kaltem Wasser bedecken und aufkochen.
2. Die Brühe 3 bis 4 Stunden kochen lassen. Dabei immer wieder etwas heißes Wasser nachgießen. Entstehenden Schaum immer wieder abschöpfen und wegschütten.
3. Die fertige Brühe durch ein feines Sieb filtern. Wird sie nicht gleich weiterverwendet, hält sie sich einige Tage im Kühlschrank. Die Brühe kann aber auch gut eingefroren werden.

Tipp
Genauso können Sie eine Rinderbrühe kochen: Einfach Rindfleisch und Rinderknochen dafür verwenden.

Kichererbsensuppe mit Minze-Käse-Wan-Tans

Für 4 Personen:
Für die Suppe
500 g getrocknete Kichererbsen
1 Zwiebel
2 Knoblauchzehen
4 EL kalt gepresstes Olivenöl
2 Messerspitzen Safran
1 TL gemahlener Kreuzkümmel (Cumin)
1 TL Kurkuma
1 ½ l Gemüsebrühe
1 kg Sahne
Meersalz, Pfeffer

Für die Wan Tans
1 Bund Minze
8 EL Schafskäse oder Frischkäse
Meersalz
8 Wan-Tan-Blätter (Asialaden)
1 Eiweiß
1 l Bio-Rapsöl zum Backen

1 Die Kichererbsen mindestens 12 Stunden in kaltem Wasser einweichen (siehe Steps S. 64).

2 Zwiebel und Knoblauch abziehen und fein hacken. Beides im Olivenöl glasig schwitzen. Safran, Cumin, Kurkuma und die Kichererbsen dazugeben. Mit Gemüsebrühe und Sahne aufgießen und etwa 15 Minuten leise kochen lassen.

3 Die Suppe mit dem Mixstab pürieren, durch ein feines Sieb passieren und mit Salz und Pfeffer abschmecken.

4 Für die Füllung die Minze fein hacken oder nur etwas kleiner zupfen und mit Schafs- oder Frischkäse und Meersalz mischen (siehe Steps S. 64). Die Ränder der Wan-Tan-Blätter mit leicht verquirltem Eiweiß bestreichen, die Minze-Käse-Mischung jeweils in die Mitte der Blätter setzen und die Ränder über der Füllung wie bei einem Beutelchen oben zusammendrehen (siehe Steps S. 64).

5 Die Wan Tans in schwimmendem Fett etwa 2 Minuten ausbacken, bis sie goldbraun sind. Die Suppe in Portionsteller füllen und je zwei Wan Tans in jeden Teller setzen.

Tipp
Wan Tans werden in China selten frittiert, wie es sich im Westen eingebürgert hat. Die originalen Wan Tans werden gedämpft oder in Salzwasser pochiert, dann aber ebenfalls meist als Suppeneinlage verwendet.

Kichererbsensuppe mit Minze-Käse-Wan-Tans

1 Die getrockneten Kichererbsen mindestens 12 Stunden einweichen.

2 Den Schafskäse mit der Hand oder mit der Gabel zerbröseln.

3 Gewaschene Minzeblätter einfach in kleinen Stücken von den Zweigen zupfen.

4 Die Füllung auf die Wan-Tan-Blätter setzen, einen breiten Rand frei lassen.

5 Die Blätter oben wie kleine Beutel zusammendrücken – das hält!

Maronen-Kartoffel-Suppe

Für 4 Personen:
100 g Kartoffeln
50 g Karotten
50 g Lauch
1 kleine Stange Staudensellerie
250 g Maroni (Esskastanien)
50 g durchwachsener Räucherspeck
1 Gewürznelke
1 Lorbeerblatt
Salz, Pfeffer
1 Eigelb
50 g Crème fraîche
1 Bund Petersilie

1 Den Backofen auf 250 °C vorheizen. Das Gemüse putzen, waschen und in mundgerechte Stücke schneiden.
2 Die Maroni kreuzweise einritzen. Auf einem Backblech im Backofen etwa 20 Minuten erhitzen, bis die Schalen aufspringen. Abkühlen lassen, dann die Schalen und die braune Haut entfernen.
3 Etwa 2 ½ Liter Wasser aufkochen. Suppengemüse, Kastanien, Speck, Gewürznelke und Lorbeerblatt dazugeben. Die Suppe salzen, pfeffern und einmal aufkochen lassen. Die Hitze reduzieren und die Suppe zugedeckt etwa 1 Stunde garen.
4 Den Speck aus der Suppe nehmen, die Brühe abgießen und auffangen. Gewürznelke und Lorbeerblatt herausfischen und wegwerfen. Das Gemüse pürieren und wieder mit der Brühe aufgießen. Das Eigelb mit Crème fraîche verquirlen und die Suppe damit binden (nicht mehr kochen lassen!).
5 Die Petersilie waschen, Blättchen abzupfen und fein hacken. Die Suppe mit der Petersilie bestreut servieren.

Tipp
Besonders schön sieht die Maronensuppe mit kleinen Croûtons und Schnittlauchringen bestreut aus.

Rote-Bete-Suppe mit Kreuzkümmel

Für 4 Personen:
2 EL Butterschmalz
1 TL gemahlener Kreuzkümmel (Cumin)
1 Messerspitze Kardamom
1 TL Ingwerpulver
½ TL gemahlener Koriander
1 Messerspitze frisch geriebene Muskatnuss
je 1 Prise Zimt- und Nelkenpulver
750 g Rote Bete
Salz, Pfeffer
100 g Crème fraîche
2 EL Zitronensaft
frische Kräuter zum Bestreuen (z.B. Petersilie, Koriandergrün)

1. Butterschmalz in einem Topf erhitzen und die Gewürze darin anschwitzen.
2. Die Rote Bete säubern, schälen und in Stücke schneiden. Zu den Gewürzen geben, mit 1 Liter Wasser aufgießen und in etwa 20 Minuten weich kochen. Mit Salz und Pfeffer abschmecken.
3. Die Brühe abgießen und auffangen. Die Rote-Bete-Stücke mit etwas Flüssigkeit im Mixer pürieren. Wieder mit der Brühe verrühren und noch einmal kurz erhitzen.
4. Zum Servieren die Suppe in Portionsteller geben. Die Crème fraîche mit dem Zitronensaft verquirlen und davon je 1 Esslöffel auf jede Suppenportion geben. Mit klein gezupften Kräutern dekorieren.

Tipp

Wenn Sie ganz frische Rote-Bete-Knollen mit Grün bekommen, können Sie die feinen Blätter klein schneiden und am Ende der Garzeit zugeben und mitgaren. Die Blätter enthalten viele wertvolle Biostoffe, die unter anderem als Krebsschutzstoffe gelten. Allerdings sollte man Knollen aus biologischem Anbau kaufen, weil konventionell angebaute oft sehr viel Nitrat enthalten.

Kartoffelsuppe mit Pfifferlingen

Für 4 Personen:
800 g Kartoffeln
1 kleine Stange Lauch
1 kleine Karotte
4 EL Butter
800 ml Gemüsebrühe
250 g Pfifferlinge
1 Kästchen Kresse
100 g Crème fraîche
Salz, Pfeffer

1. Kartoffeln schälen und würfeln. Lauch und Karotte putzen und würfeln. Alles in 2 Esslöffel Butter andünsten, mit der Brühe aufgießen und 15 Minuten kochen lassen.
2. Pfifferlinge putzen und 8 bis 10 Minuten in der restlichen Butter braten.
3. Die Kresse vom Kästchen schneiden und die Hälfte davon mit der Crème fraîche in die Suppe rühren.
4. Die Suppe pürieren, mit Salz und Pfeffer abschmecken. Die Suppe auf Portionsteller verteilen, die Pfifferlinge in die Suppe geben und mit der restlichen Kresse bestreuen.

Tipp

Als Einlage für diese feine Kartoffelsuppe eignen sich auch angebratene Steinpilzscheibchen oder Austernpilze. Noch deftiger wird die Suppe, wenn Sie zusätzlich knusprig gebratene Speckwürfel darüberstreuen und die Kresse durch frische Majoranblättchen ersetzen.

Petersilien-Linsen-Suppe mit Kreuzkümmel

Für 4 Personen:
1 Zwiebel
2 EL Butter
2 Knoblauchzehen
1 EL Currypulver
½ EL Paprikapulver, edelsüß
¼ TL gemahlener Kreuzkümmel (Cumin)
Salz, Pfeffer
4 EL Tomatenmark
1 l Gemüsebrühe
300 g gelbe Linsen
1 Bund glatte Petersilie

1 Die Zwiebel abziehen, in kleine Würfel schneiden und in der heißen Butter andünsten. Die Knoblauchzehen abziehen und dazupressen. Curry, Paprika, Kreuzkümmel, Salz und Pfeffer dazugeben.
2 Das Tomatenmark zufügen und kurz anschwitzen. Mit der Gemüsebrühe ablöschen, die Linsen einstreuen. Die Suppe aufkochen und etwa 35 Minuten bei geringer Hitze kochen lassen, bis die Linsen weich sind.
3 Die Petersilie waschen und trocken tupfen. Die Blättchen von den Stengeln zupfen und grob hacken. Vor dem Servieren auf die Suppe streuen.

Tipps

~ Wer diese dicke Linsensuppe etwas dünner haben möchte, nimmt einfach etwas mehr Gemüsebrühe.
~ Die angegebene Garzeit ist nur ein Richtwert: Ältere Linsen brauchen länger, bis sie gar sind. Probieren Sie am besten gegen Ende der angegebenen Zeit, ob die Linsen schon weich sind.

Rote Bohnen-Chili-Suppe

Für 4 Personen:
150 g getrocknete Kidneybohnen
200 g rote Paprikaschoten
1 Zwiebel
1 Knoblauchzehe
1 kleine grüne Chilischote
300 ml passierte Tomaten
600 ml Gemüsebrühe
Salz, Pfeffer
1 TL Zucker
Cayennepfeffer
4 TL Crème fraîche oder saure Sahne
2 EL geschnittenes Basilikum

1. Die Bohnen über Nacht einweichen. Am nächsten Tag im Einweichwasser 30 Minuten vorkochen.
2. Die Paprikaschoten waschen, putzen und in grobe Streifen schneiden. Die Zwiebel abziehen und in Ringe schneiden. Knoblauch abziehen, Chilischote waschen und putzen. Die Chilikerne entfernen. Chili fein hacken und mit dem durchgepressten Knoblauch in einen Kochtopf geben. Paprika, Zwiebel, Bohnen, Tomaten und Brühe hinzufügen und unter ständigem Rühren zum Kochen bringen. Die Hitze reduzieren und die Suppe 20 Minuten leise kochen lassen, bis die Paprikastreifen weich sind.
3. Gemüse und Bohnen abtropfen lassen und die Flüssigkeit beiseitestellen. 4 Esslöffel Bohnen ebenfalls beiseitestellen. Die restlichen Bohnen und das Gemüse im Mixer pürieren. Gemüsepüree mit der aufgehobenen Suppenflüssigkeit in einen Kochtopf geben und nochmals kurz erhitzen. Mit Salz, Pfeffer, Zucker und Cayennepfeffer abschmecken.
4. Die Suppe in Portionsteller verteilen, in die Mitte jeweils 1 Teelöffel Crème fraîche oder saure Sahne geben und darauf je 1 Esslöffel gekochte Bohnen verteilen. Mit Basilikum bestreut servieren.

Variante: Chili con Carne

Leicht abgewandelt wird das berühmte **Chili con Carne** daraus: Dafür in Schritt 2 zunächst 500 Gramm Rinderhack in 2 Esslöffel Sonnenblumenöl krümelig braten. Dann die übrigen Zutaten und 1 Teelöffel gemahlenen Kreuzkümmel hinzufügen und kochen wie beschrieben. Chili con Carne wird nicht püriert, sondern als Eintopf mit Brot serviert.

Curry-Fischsuppe

Für 4-6 Personen:
150 g Blumenkohl
150 g Chinakohl
(oder Mangold oder Pak Soi)
100 g Rettich
1 EL rote Currypaste
500 g Barschfilet
3 Knoblauchzehen
6 rote Thai-Zwiebeln oder Schalotten
1-3 getrocknete rote Chilischoten
1 EL Garnelenpaste
3 EL Tamarindenmus
2 EL Fischsauce
1 EL Palmzucker
einige Zweige Koriandergrün

1 Blumenkohl waschen und in Röschen zerteilen. Chinakohl waschen, die Blätter in 2 bis 3 Zentimeter breite Streifen schneiden. Rettich waschen, schälen und in dünne Scheiben schneiden.
2 Einen Liter Wasser mit der Currypaste zum Kochen bringen und das Barschfilet darin bei geringer Hitze etwa 10 Minuten ziehen lassen. Die Filets wieder herausheben.
3 Knoblauchzehen und Zwiebeln oder Schalotten abziehen. Zusammen mit den Chilischoten und der Garnelenpaste im Mörser zerstoßen oder im Mixer pürieren. Die gegarten Fischfilets dazugeben und ebenfalls pürieren. Die Fischpaste in die kochende Currybrühe geben, aufkochen lassen.
4 Tamarindenmus, Fischsauce und Zucker dazugeben und gut verrühren. Das vorbereitete Gemüse dazugeben, umrühren und noch etwa 8 bis 10 Minuten kochen lassen.
5 Die Suppe sehr heiß mit abgezupften Korianderblättchen bestreut servieren.

Sauerampfersuppe mit Garnelen

Für 4 Personen:
150 g Sauerampfer
(ersatzweise Blattspinat)
1 kleine Zwiebel
2 EL Butter
1 EL Mehl
1 l Gemüsebrühe
200 g Sahne
1 Eigelb
Salz, schwarzer Pfeffer
200 g Garnelen

1. Sauerampferblätter waschen und gut abtropfen lassen. Einige Blätter beiseitelegen, die restlichen fein hacken. Die Zwiebel abziehen und in feine Würfelchen hacken.
2. Zwiebel und Sauerampfer in der zerlassenen Butter andünsten, mit Mehl bestäuben und anschwitzen. Mit der Brühe ablöschen und etwa 20 Minuten leise kochen lassen. Eventuell leicht pürieren, dann wird die Suppe schön grün.
3. Während die Suppe kocht, die Sahne steif schlagen und die zurückgelegten Sauerampferblätter in feine Streifen schneiden. Die Suppe vom Herd nehmen, das Eigelb unterrühren und die Sahne unterziehen. Mit Salz und Pfeffer abschmecken.
4. Die Garnelen abspülen und auf die Teller verteilen. Die Suppe darübergeben und mit den Sauerampferstreifen garnieren.

Tipp
Wenn Sie gern Garnelen essen, suchen Sie gezielt nach Nordseegarnelen oder -krabben. Diese können Sie mit ruhigem Gewissen kaufen, denn die Krabbenbestände in der Nordsee sind relativ stabil und sie werden vergleichsweise schonend gefangen. Die Gewinnung von Shrimps aus Aquakulturen und Wildbeständen haben verheerende Schäden für die Umwelt zur Folge und sollten nicht gekauft werden.

Bouillabaisse – Fischsuppe aus Marseille

Für 8-10 Personen:
insgesamt ca. 4,2 kg Fisch,
je 600 g Meeraal, Drachen-
kopf, Queise, Lotte, Peters-
fisch, Roter Knurrhahn,
und Bärenkrebse oder
Hummerkrabben
2 Knoblauchzehen
8 mittelgroße Zwiebeln
10 reife Tomaten
2 dicke Stangen Lauch
¼ l kalt gepresstes Olivenöl
2 Fenchelknollen
10 Stiele Petersilie
8 Stiele Thymian
½ Lorbeerblatt
15 Pfefferkörner
unbehandelte Schale
von ¼ Orange
¾ EL grobes Salz
1 ½ TL Safran

Für die Sauce Rouille
8 Knoblauchzehen
2 kleine rote Peperoni
1 EL Brotkrumen in
¼ l Milch
200 ml Olivenöl
Bauernbrot zum Servieren
Olivenöl zum Rösten
der Brotscheiben

1. Fische waschen, ausnehmen und schuppen. Köpfe und Schwänze abschneiden, Fischlebern hacken und kalt stellen. Krebsen oder Hummerkrabben die Beine abzupfen. Knoblauch und Zwiebeln abziehen und klein schneiden, Tomaten häuten, entkernen und klein schneiden. Den weißen Teil des Lauchs in Ringe schneiden.
2. Fischköpfe und -schwänze sowie das vorbereitete Gemüse in einen großen Schmortopf geben. Krebse oder Hummerkrabben hinzufügen. Das Olivenöl zugeben und erhitzen. Den klein geschnittenen Fenchel, Petersilie, Thymian, Lorbeer, Pfefferkörner und Orangenschale zufügen und zugedeckt etwa 15 Minuten leise kochen lassen. Dabei ab und zu umrühren. Dann die Hitze stark erhöhen und 5 Liter kochendes Wasser zugießen. Salzen, aufkochen und bei geringer Hitze 2 Stunden leise kochen lassen.
3. Den Schaum abschöpfen, die Krebse herausfischen und den Fond durch ein Sieb passieren. Safran hinzufügen. Nun werden die Fische gegart. Entweder man taucht sie nacheinander in den ständig kochenden Fond oder man zerteilt die größten in Hälften oder Drittel und gart alle gleichzeitig. Die Fische herausnehmen, wenn sie knapp gar sind.
4. Für die Rouille den Knoblauch abziehen, Keimlinge entfernen. Rest im Mörser fein zerstoßen. Entkernte Peperoni und Milch mit Brotkrumen hinzufügen. Öl zugießen und mit dem Stößel vermengen. 1 Esslöffel Brühe unterrühren.
5. Serviert wird die Bouillabaisse in zwei Schritten. Zunächst die Suppe, die im letzten Moment mit den pürierten Fischlebern gebunden wurde, servieren und dazu Brotscheiben sowie als Aufstrich die Rouille reichen. Anschließend die Fische in einer vorgewärmten Schale anrichten. Ein wenig mit Suppe bedecken. Dazu in Olivenöl geröstete Brotscheiben, die restliche Suppe in der Suppenterrine und die restliche Rouille reichen.

Cremige Curry-Apfel-Suppe

Für 6 Personen:
1 große Zwiebel
5 Äpfel
2 Knoblauchzehen
etwa 2 cm Ingwer
Butter
1 EL Currypulver
100 ml trockener Weißwein
1 ½ l Hühnerbrühe
250 g Sahne
Kokosmilch
Salz, Pfeffer

1. Die Zwiebel abziehen und in feine Würfel schneiden. Die Äpfel schälen, vom Kerngehäuse befreien und das Fruchtfleisch ebenfalls würfeln. Knoblauchzehen abziehen, Ingwer schälen und fein hacken.
2. In einem Topf etwas Butter zerlassen. Zwiebel und Äpfel darin anschwitzen. Knoblauch dazupressen, Ingwer und Currypulver zugeben und mit Weißwein ablöschen. Mit Hühnerbrühe auffüllen und aufkochen lassen.
3. Die Sahne und einen Schuss Kokosmilch dazugeben. Die Suppe mit dem Mixstab pürieren, nochmal erhitzen und mit Salz und Pfeffer abschmecken.

Kürbissuppe mit Limetten

Zutaten für 4 Personen:
2 Karotten
2 Kartoffeln
500 g Kürbisfleisch
(geputzt gewogen)
1 kleine Zwiebel
2 EL Sonnenblumenöl
2-3 cm Ingwer
8 Kaffir-Lime-Blätter
½ l heiße Gemüsebrühe
1 Dose Kokosmilch (400 g)
Salz
1-2 EL Limettensaft
Zitronenthymian
(ersatzweise Thymian)

1 Karotten und Kartoffeln schälen und würfeln. Das Kürbisfleisch ebenfalls klein schneiden. Die Zwiebel abziehen, fein hacken und im Öl andünsten. Das vorbereitete Gemüse dazugeben, kurz weiterdünsten.
2 Ingwer schälen, aber ganz lassen und mit den Kaffir-Lime-Blättern zum Gemüse geben. Mit heißer Brühe aufgießen und etwa 15 Minuten kochen lassen, bis das Gemüse weich ist.
3 Blätter und Ingwer herausfischen und die Suppe pürieren. Die Kokosmilch unterrühren und die Suppe mit Salz abschmecken. Noch einmal 10 Minuten leise kochen lassen. Mit Limettensaft abschmecken und mit Thymianblättchen bestreut servieren.

Tipp

Kaffirlimetten haben stark nach Zitronen duftende Blätter. Ihre Früchte sind dagegen sehr dickschalig und enthalten wenig Saft. Deshalb verwendet man meist die Blätter zum Würzen, ebenso wie die Zesten der Früchte. Allerdings sind die Früchte saftreicher Limettensorten bei uns leichter zu bekommen. Kaffir-Lime-Blätter findet man in asiatischen Lebensmittelläden.

Hühnersuppe mit Kokosmilch

Für 4-6 Personen:
Für die Brühe
1 küchenfertiges Suppenhuhn
etwa 2 cm Ingwer
1 Handvoll Suppengemüse
(Karotte, Sellerie,
Lauch, Zwiebel)
Salz

Für die Suppe
½ Staudensellerie
½ Kopf Grünkohl
(der helle Teil davon)
1 Zwiebel
3 Karotten
Butter
2 cm Ingwer
1 Knoblauchzehe
etwa ½-1 l Kokosmilch
Salz, Pfeffer
gehackte Kräuter zum
Servieren (Koriandergrün
oder Petersilie)

1 Das Suppenhuhn waschen. Ingwer schälen, Suppengemüse waschen und putzen. Alles zusammen in einen großen Topf geben und so viel Wasser zugießen, dass das Huhn bedeckt ist. Salzen und aufkochen lassen. Bei mittlerer Hitze das Huhn 2 Stunden kochen lassen. Eventuell zwischendurch etwas heißes Wasser nachgießen.

2 Das Huhn herausnehmen und entbeinen. Das weiße Brustfleisch in breite Streifen schneiden. Die Brühe abseihen.

3 Während das Huhn kocht, Staudensellerie, Grünkohl, Zwiebel und Karotten waschen, putzen und in Streifen schneiden. In einem großen Topf in etwas Butter andünsten. Ingwer schälen, Knoblauchzehe abziehen und beides klein hacken. Zum Gemüse geben und mitdünsten.

4 Die abgeseihte Hühnerbrühe abmessen und zum Gemüse gießen. Im Verhältnis 1:4 die Kokosmilch dazugeben (1 l Kokosnussmilch auf 4 l Brühe oder entsprechend weniger). Das weiße Hühnerbrustfleisch dazugeben.

5 Die Suppe noch einmal erhitzen, aber nicht mehr kochen. Mit Salz und Pfeffer abschmecken und mit frischen Kräutern bestreut servieren.

Tipp
Statt Grünkohl und Staudensellerie können Sie auch andere Gemüsesorten verwenden: Geeignet sind auch Chinakohlblätter, frischer Spinat, junger Wirsing oder Bohnensprossen.

Zuckerschotensuppe mit Lachs und Kerbel

Für 4 Personen:
2 Knoblauchzehen
1 Zwiebel
1 EL Butterschmalz
500 g Zuckerschoten
2 mittelgroße mehlig kochende Kartoffeln
1 Petersilienwurzel
100 ml Weißwein
2 EL Crème fraîche
300-400 ml Geflügelbrühe
100 g Räucherlachs
einige Zweige Kerbel
250 g Sahne
Salz, Pfeffer

1 Knoblauch und Zwiebel abziehen, fein hacken und im Butterschmalz glasig dünsten.

2 Die Zuckerschoten waschen und putzen. Die Kartoffeln und die Petersilienwurzel schälen und klein schneiden. Alles zu Zwiebel und Knoblauch geben und kurz anschwitzen.

3 Mit dem Weißwein ablöschen, alles gut durchrühren und mit der Brühe auffüllen. In 25 bis 35 Minuten bei mittlerer Hitze weich kochen.

4 Zusammen mit der Crème fraîche im Mixer zu einer feinen, sämigen Suppe pürieren. Den Lachs in feine Streifen schneiden. Den Kerbel waschen, Blättchen abzupfen und hacken. Die Sahne steif schlagen.

5 Die Suppe nochmals erhitzen und mit Salz und Pfeffer abschmecken. Auf gut vorgewärmten Tellern anrichten, je einen Klacks geschlagene Sahne auf jede Portion geben und mit Lachsstreifen und Kerbelblättchen dekorieren.

Hauptspeisen | Fleisch & Geflügel

Danke

»Meine größte Stütze, mein Lexikon und meine größten und liebevollsten Kritiker sind die Köche in meinen Restaurants und in meinem Partyservice – noch vor meinen geschätzten Gästen. Sie regen an, ändern, schlagen vor und vor allen Dingen: kochen! Ich möchte hiermit die Gelegenheit nutzen, auch meinen Köchen der ersten Stunde zu danken – allen voran Törtl und Gunnar. Keine Mitarbeiter in der Geschichte meiner Firma mussten je härter arbeiten. Mein Dank gilt auch Kerstin und Yusuf. Von beiden habe ich viel gelernt. Last but not least: den Köchen der Gegenwart – sie gaben und geben mir Anregungen, erweiterten meinen Horizont und lassen mir Spielraum für meine anderen Tätigkeiten. Ich möchte mich hiermit ausdrücklich dafür entschuldigen, dass ich alle anderen Köche nicht namentlich erwähne, es sind mittlerweile sehr viele. Ich möchte auch meinen Spülern und Küchenhilfen danken. Sie sind das wahre Fundament jeder guten Küche und unersetzbar.«

Königsberger Klopse

Für 4 Personen:
1 Semmel vom Vortag
100 ml heiße Milch
400 g Hackfleisch vom Kalb
4 eingelegte Sardellenfilets
2 Schalotten, 3 EL Butter
abgeriebene Schale von
1 unbehandelten Zitrone
3 Eigelb, Salz, Pfeffer
frisch geriebene Muskatnuss
1 ½ l Fleischbrühe
3 EL Mehl, 200 g Sahne
1-2 TL Zitronensaft
100 g kleine Kapern
1 Prise Zucker

1. Semmel entrinden und in der Milch einweichen. Herausnehmen, ausdrücken und mit dem Hackfleisch mischen.
2. Sardellen klein hacken. Schalotten würfeln und in 1 Esslöffel Butter glasig dünsten, abkühlen lassen. Sardellen, Schalotten, Zitronenschale, 2 Eigelb, Salz, Pfeffer und Muskatnuss zur Hackfleisch-Semmel-Masse geben und alles gut vermengen. Mit angefeuchteten Händen Knödelchen daraus formen.
3. Brühe aufkochen, Klopse einlegen und 8 bis 10 Minuten darin ziehen lassen. Fertige Klopse herausnehmen, warm stellen.
4. Für die Sauce die übrige Butter zerlassen und darin das Mehl leicht goldgelb rösten. So viel Fleischbrühe zugießen, bis eine sämige Sauce entstanden ist. Mit Sahne, Zitronensaft und Kapern verfeinern, mit Salz, Pfeffer und Zucker abschmecken. Zum Schluss das übrige Eigelb unterziehen (nicht mehr aufkochen). Zum Servieren die Klopse in die heiße Sauce legen.

Risotto mit Hühnerleber

Für 4–5 Personen:
150 g Steinpilze oder
Mischpilze (ersatzweise
20 g getrocknete Steinpilze)
1 Zwiebel
50 g Pancetta
(luftgetrockneter Bauchspeck
aus Italien)
50 g Butter
300 g Risotto-Reis
(Arborio oder Vialone)
150 ml trockener Weißwein
ca. 1 l heiße Hühnerbrühe
250 g Hühnerlebern
Salz, Pfeffer
100 g frisch geriebener
Parmesan

1. Die frischen Pilze putzen und in Scheibchen schneiden. Die getrockneten Pilze mindestens 30 Minuten in wenig warmem Wasser einweichen. Die Zwiebel abziehen und fein hacken. Den Speck in feine Würfel schneiden.
2. Die eingeweichten Pilze aus dem Wasser nehmen und klein schneiden. Die Hälfte der Butter in einem Topf erhitzen. Speck und Zwiebel darin andünsten. Frische oder eingeweichte Pilze zugeben und einige Minuten mitdünsten.
3. Den Reis einstreuen und unter Rühren erhitzen. Mit 100 Milliliter Weißwein ablöschen. Nach und nach mit heißer Hühnerbrühe aufgießen. Dabei mit dem Nachgießen jeweils warten, bis der Reis fast die gesamte Flüssigkeit aufgesogen hat, und häufig umrühren.
4. In der Zwischenzeit die restliche Butter in einer Pfanne erhitzen. Die Hühnerlebern in Scheiben schneiden und in der heißen Butter rundherum etwa 3 Minuten braten. Den restlichen Weißwein zugießen und die Lebern noch 1 Minute schmoren lassen. Salzen und pfeffern.
5. Wenn der Reis außen weich und innen bissfest gegart ist, den Risotto mit Salz und Pfeffer abschmecken. Die Hälfte des Parmesans unterrühren und die gebratenen Lebern auf dem Risotto anrichten. Den restlichen Parmesan separat dazu reichen.

Leber mit Apfel und Speck

Für 4 Personen:
4 Scheiben Kalbsleber
(à 150 g)
schwarzer Pfeffer
1 TL fein geschnittene
Rosmarinnadeln
2 säuerliche Äpfel
(am besten Boskop)
1 EL Zitronensaft
4 Zwiebeln
8 dünne Scheiben durch-
wachsener Bauchspeck
2 EL Mehl
Salz
2 EL Sonnenblumen- oder
Rapsöl
2 EL Butter
100 ml Apfelsaft
evtl. 1 Schnapsglas Calvados
1 EL Quittengelee

1 Die Leberscheiben mit Pfeffer und Rosmarin würzen. Äpfel schälen, vierteln und vom Kerngehäuse befreien. Das Fruchtfleisch in dünne Spalten schneiden und mit Zitronensaft beträufeln. Zwiebeln abziehen und fein hacken.

2 Backofen auf 60 °C vorheizen. Den Speck in einer Pfanne knusprig braten. Herausnehmen und warm stellen. Das Mehl mit etwas Salz mischen und die Leberscheiben darin wenden. Überschüssiges Mehl abklopfen. Das Öl in der Speckpfanne erhitzen und die Leberscheiben darin etwa 4 Minuten pro Seite braten. Im Ofen warm stellen.

3 Butter in der Pfanne aufschäumen, die Zwiebeln darin goldgelb dünsten. Äpfel zugeben, 3 bis 4 Minuten dünsten. Äpfel und Zwiebeln herausnehmen und zusammen mit den Leberscheiben auf vorgewärmten Tellern anrichten.

4 Den Bratensatz mit Apfelsaft und nach Belieben Calvados ablöschen, Quittengelee zugeben und die Sauce aufkochen. Mit Salz und Pfeffer abschmecken und über die Leber träufeln. Den knusprigen Speck darauflegen und sofort servieren.

Tipp
Leber hat – wie alle Innereien – in den letzten Jahrzehnten an Beliebtheit verloren. Innereien haftete lang der Ruf eines Arme-Leute-Essens an, und bis vor wenigen Jahren warnten Ernährungswissenschaftler vor ihrem Verzehr wegen der starken Belastung mit Schwermetallen. Inzwischen ist die Belastung der Innereien jedoch zurückgegangen, man kann sie wieder essen. Und man sollte es auch tun: Bewusste Verbraucher kritisieren, dass wir nur die Filetstücke unserer Schlachttiere verzehren und den großen Rest, darunter die Innereien, hauptsächlich als Tierfutter entsorgen. Dabei können Innereien wunderbar schmecken! Viele traditionelle Rezepte, wie unsere Leber mit Apfel und Speck, sind die preiswertere Alternative zum Steak.

Devil-Chicken aus Sri Lanka

Für 4 Personen:
4 Hähnchenbrustfilets
(ca. 600 g)
Salz
3 grüne Chilischoten
1 TL Cayennepfeffer
2 EL Estragon- oder Reisessig
200 g Lauch
200 g Zwiebeln
2 Knoblauchzehen
3 cm Ingwer
300 g Tomaten
Pflanzenöl zum Braten
(z. B. Sonnenblumenöl)
1 TL Kümmel
⅛ l Hühner- oder
Gemüsebrühe
abgeriebene Schale von
1 unbehandelten Limette
2 TL Limettensaft
Koriandergrün oder Petersilie zum Garnieren

1. Die Hähnchenbrustfilets abbrausen und trocken tupfen. Für die Marinade Salz, 1 entkernte und fein gehackte Chilischote, Cayennepfeffer und Essig mischen und das Hähnchenfleisch darin etwa 1 Stunde zugedeckt marinieren.
2. In der Zwischenzeit das Gemüse waschen und putzen. Den Lauch in Ringe, die Zwiebeln in Streifen schneiden. Die beiden restlichen Chilischoten und den Knoblauch fein hacken. Ingwer schälen und fein hacken. Die Tomaten überbrühen, kalt abschrecken, häuten, entkernen und klein schneiden.
3. Die Fleischstücke aus der Marinade nehmen und abtropfen lassen. Das Fleisch in einem Schmortopf mit heißem Öl rundherum kurz anbraten, wieder herausnehmen und beiseitestellen.
4. Das Öl wieder erhitzen, Lauch und Zwiebeln darin anschwitzen. Chili, Knoblauch, Ingwer, Kümmel und Tomaten dazugeben. Mit der Brühe ablöschen und das Fleisch mit dem gezogenen Saft hinzufügen. Die übrige Marinade und die abgeriebene Limettenschale einrühren und die Hähnchenstücke zugedeckt etwa 20 Minuten leise kochen lassen.
5. Die Sauce mit Limettensaft und Salz abschmecken. Mit abgezupften Kräuterblättchen bestreut servieren.

Tipp
Dazu passt natürlich Reis oder einfach frisches Brot. Stilecht servieren Sie das Hähnchengericht mit indischem Fladenbrot (Tipp S. 27).

Hähnchenwürfel mit warmer Ingwersauce

Für 4 Personen:
Für die Hähnchenwürfel
3-4 Hähnchenbrustfilets
(ca. 500 g)
etwa 150 g Mehl
150 g Maismehl
1 Ei
1 Prise Salz
etwa 300 ml Milch
Pflanzenöl zum Ausbacken

Für die Ingwersauce
4-5 cm Ingwer
1 Zwiebel
2 Knoblauchzehen
2-3 EL Sonnenblumenöl
2 EL helle Sojasauce
einige Tropfen Sesamöl
1 TL Maismehl oder
Maisstärke
1 TL Zucker

1 Das Hähnchenfleisch abbrausen, trocken tupfen und in mundgerechte Stücke schneiden.

2 Für den Ausbackteig die beiden Mehlsorten mit Ei und Salz verrühren und nur so viel Milch dazurühren, dass ein zäher Teig entsteht.

3 Für die Ingwersauce den Ingwer schälen, Zwiebel und Knoblauch abziehen. Alles sehr fein hacken und in Öl hellgelb anschwitzen. Mit Sojasauce und Sesamöl würzen.

4 Zum Binden das Maismehl oder die Stärke in einer Tasse mit etwas kaltem Wasser verrühren und zur Ingwermischung geben. Aufkochen lassen, bis die Sauce dick und durchsichtig wird, dabei nach und nach etwa 150 Milliliter Wasser unterrühren. Mit Zucker abschmecken.

5 Die Hähnchenstücke in den Ausbackteig tauchen und portionsweise in reichlich heißem Pflanzenöl schwimmend ausbacken. Das dauert pro Portion etwa 4 bis 5 Minuten.

Tipp

Die Hähnchenstücke und die Ingwersauce getrennt servieren, damit die Kruste um die Fleischwürfel nicht vorzeitig aufweicht. Dazu gibt es einen bunten Salat aus verschiedenen roten und grünen Blattsalaten mit Fruchtstückchen, zum Beispiel Mango, Apfel oder Ananas.

Lorbeerhuhn im Gemüsebett

Für 2 Personen:
1 küchenfertiges Hähnchen
etwa 12 Lorbeerblätter
einige Zweige Thymian
2 EL Butter
Cayennepfeffer
Salz, Pfeffer

Für das Gemüsebett
3 Knoblauchzehen
3 Zwiebeln
500 g Tomaten
1 Bund Lauchzwiebeln
1 Handvoll kleine Zucchini

1 Hähnchen innen und außen waschen und trocken tupfen. Die Haut an Brust und Keulen jeweils etwas einschneiden und die Lorbeerblätter mit den Fingern unter die Haut schieben (siehe Steps S. 92).

2 Für das Gemüsebett Knoblauch und Zwiebeln abziehen und grob würfeln. Tomaten waschen, von den Stielansätzen befreien und achteln. Lauchzwiebeln und Zucchini waschen, putzen und in größere Stücke schneiden. Das Gemüse in einem Römertopf verteilen. Den Backofen auf 200 °C vorheizen.

3 Die Butter mit etwas Cayennepfeffer zerlassen und das Hähnchen rundherum damit einpinseln (siehe Steps S. 92). Mit Salz und Pfeffer bestreuen und auf das Gemüsebett setzen. Das Hähnchen im vorgeheizten Backofen etwa 1 Stunde garen.

Tipp

Kaufen Sie Hähnchen am besten frisch aus Freilandhaltung. Ein solches Hähnchen ist zwar wesentlich teurer als Masthähnchen, aber es schmeckt besser und schrumpft nicht beim Garen. Außerdem ist es fettärmer, weil Tiere, die mehr Bewegung haben, in der Regel auch mehr Muskelfleisch und weniger Fett ansetzen.

Das Fleisch gibt auf Druck kaum nach, es ist fest und darf sich nicht weich und schwabbelig anfühlen. Gutes Geflügelfleisch erkennen Sie auch an der Farbe: Es muss kräftig rosa sein und keinesfalls blass und weißlich – in diesem Fall hat das Tier kein Tageslicht gesehen, und das schmeckt man. Das Brustbein ist bei einem Freilaufhähnchen kräftig ausgebildet und gerade gewachsen. Krummer Wuchs zeugt meistens von Bewegungsmangel des Tieres.

Zwischen Haut und Fleisch geschobene Kräuter und Gewürze geben ihr Aroma direkt an das zarte Hähnchenfleisch ab, verbrennen aber nicht, weil sie durch die fette Geflügelhaut geschützt sind. Neben Lorbeerblättern nehme ich gern alle möglichen Kräuter, die gerade zur Hand sind: Wunderbar schmeckt das Hähnchen auch mit Salbeiblättern gewürzt oder mit Knoblauch- und Chilischeibchen, aber auch Limettenstückchen kann man unter die Haut schieben.

Lorbeerhuhn im Gemüsebett

1   Die Haut einschneiden und vorsichtig anheben. Sie reißt leicht!

2   Die Lorbeerblätter glatt zwischen Haut und Fleisch schieben.

3   Die flüssige Butter auf der Oberfläche des Hähnchens verteilen.

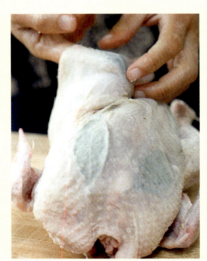

Backhendl mit Zwieback-Kruste

Für 4 Personen:
2 junge, küchenfertige Hendl
(bis 8 Wochen alt;
jeweils ca. 1 kg schwer)
150 g Mehl
4 Eier
Salz
1 Packung Zwieback
(ca. 220 g)
Paprikapulver, edelsüß
Butterschmalz

1. Hendl waschen, trocken tupfen und 1 Minute lang in kochendes Wasser legen. Dann in kaltes Wasser tauchen. Jedes Hendl mit der Geflügelschere oder einem scharfen Messer halbieren, dabei das Rückgrat herausschneiden. Jede Hälfte noch einmal halbieren, kalt abbrausen und trocken tupfen.
2. Die Hendlviertel in Mehl wenden. Die Eier mit etwas Salz verquirlen. Den Zwieback zerbröseln und mit Paprikapulver mischen. Die Hendlteile durch die Eier ziehen und in den Zwiebackbröseln gründlich wenden.
3. In einem großen Topf oder einer tiefen Pfanne ausreichend Butterschmalz erhitzen und die Hendlviertel darin schwimmend ausbacken. Die Keulenstücke brauchen etwas länger als die Flügelstücke. Deshalb am besten jeweils die Keulenstücke und die Flügelstücke gemeinsam ausbacken. Wenn vorhanden, können Sie auch eine Fritteuse zum Ausbacken verwenden.

Tipp: Kartoffelsalat

Dazu gehört bei mir unbedingt **Kartoffelsalat**, wie er in Bayern und Österreich gemacht wird: Dafür 1 Kilo fest kochende Kartoffeln in der Schale weich kochen, ins Kochwasser etwas Kümmel geben. In der Zwischenzeit 1 große Tasse Gemüsebrühe erhitzen. Die Kartoffeln ganz heiß pellen und in Scheiben schneiden. Einige Butterflöckchen auf die heißen Kartoffelscheiben setzen. Die Brühe mit 2 Esslöffel Weißweinessig, 1 Teelöffel Dijonsenf, Salz, Pfeffer und etwas zerstoßenem Kümmel abschmecken. Über die heißen Kartoffelscheiben gießen, etwas durchmischen und mindestens 15 Minuten durchziehen lassen. Vor dem Servieren dünne Gurkenscheiben untermischen oder Radieschenscheiben, etwas Kresse oder fein geschnittene Lauchzwiebel- oder Schnittlauchröllchen.

Griechisches Kräuterhähnchen

Für 4 Personen:
1 küchenfertiges Hähnchen
Salz, Pfeffer
100 ml Olivenöl
Saft von 1 Zitrone
1 EL frischer Oregano

1. Das Hähnchen gut waschen und trocken tupfen. Innen und außen mit Salz und Pfeffer einreiben.
2. Olivenöl mit Zitronensaft, der Hälfte des Oregano, Salz und Pfeffer verrühren. Das Hähnchen damit gründlich einpinseln und mindestens 2 Stunden in der Marinade ziehen lassen. Den Backofen auf 170 °C vorheizen.
3. Das Hähnchen in eine Kasserolle legen, mit der abgetropften Marinade übergießen und im vorgeheizten Backofen etwa 1 ½ Stunden braten. Dabei alle 30 Minuten wenden. Mit dem übrigen Oregano bestreut servieren.

Tipp

Dieses leichte Sommergericht macht kaum Arbeit und schmeckt am besten nur mit frischem Weißbrot. Vorneweg serviere ich eine große Schüssel bunten Salat. Für den großen Hunger wird der Vorspeisensalat angereichert mit Schafskäse und Oliven oder mit Sardellenfilets, Kapern und gekochten Eiern.

Variante: Pollo al limone

Auch in Italien kennt man das würzige Hähnchen, das einfach im Ofen geschmort wird und dann knusprig auf den Tisch kommt. Dort ergänzt man es gern mit noch mehr Zitronen oder Limetten zum **Pollo al limone**: Dafür schiebt man dem Huhn vor dem Braten die Scheiben von 1 Zitrone unter die Haut, ebenso Gewürze wie Knoblauch und Rosmarin. Während des Bratens das Huhn mit einer Mischung aus Olivenöl und Zitronensaft zu gleichen Teilen begießen.

Truthahnroulade mit Kirschtomaten

Für 4 Personen:
800 g Putenfleisch am Stück (für eine Roulade)
80 g gekochter Schinken
50 g grüne Oliven ohne Stein
Salz, Pfeffer
3 EL Butter
2 EL Olivenöl
je einige Zweige Rosmarin und Salbei
½ Glas Weißwein
etwa ½ l Hühnerbrühe
500 g Kirschtomaten
500 g rote Linsen
1 TL Kurkuma
½ TL gemahlener Kreuzkümmel (Cumin)
6 Knoblauchzehen
5 EL Butterschmalz
5 Frühlingszwiebeln

1 Das Fleisch ausbreiten und etwas klopfen. Schinken und zerkleinerte Oliven darübergeben, mit Salz und Pfeffer würzen. Aufrollen und mit Küchengarn verschnüren.

2 In einem Topf die Butter mit dem Olivenöl zerlassen, Rosmarin und Salbei dazugeben und die Roulade etwa 10 Minuten rundherum darin anbraten. Weißwein angießen und verdunsten lassen. Etwas Brühe zugießen und die Roulade zugedeckt etwa 1 Stunde bei niedriger Hitze weiter schmoren lassen. Ab und zu etwas Brühe nachgießen. Etwa nach der Hälfte der Garzeit die gewaschenen Kirschtomaten in den Topf geben und mitgaren.

3 Inzwischen die Linsen waschen, mit Kurkuma und Kreuzkümmel in 1 Liter Salzwasser 15 bis 20 Minuten weich kochen. Mit einem Schneebesen zu dickem Püree schlagen.

4 Die Knoblauchzehen abziehen und in feine Scheibchen schneiden. Im Butterschmalz hellgelb anrösten und mit dem Bratfett über das Linsenpüree gießen. Zum Servieren fein geschnittene Frühlingszwiebeln darüberstreuen.

5 Die Truthahnroulade in Scheiben schneiden und zusammen mit dem Linsenpüree und den Kirschtomaten anrichten.

Tipps

~ Die Roulade schmeckt auch lauwarm oder kalt auf einem Buffet oder beim Picknick.

~ Rosmarin schmeckt am besten frisch. Das Aroma steckt in den nadeldünnen Blättern, die man ganz mitgart und dann entfernt. Alternativ hackt man sie sehr klein, etwa für eine Kräuterkruste oder als Brotgewürz. Rosmarin passt sehr gut zu Fleisch, vor allem zu Schwein, Lamm und Geflügel, und zu Ziegenkäse, er parfümiert aber auch Süßspeisen wie die klassische Crème brûlée.

Putenschnitzel mit Kräuter-Ziegenkäse-Füllung

Für 4 Personen:
4 Putenschnitzel (à 200 g)
je 1 EL gehacktes Koriandergrün, Thymian, Oregano, Rosmarin
4 EL Olivenöl
100 g Ziegenfrischkäse
2 EL Milch
2 Knoblauchzehen
Paprikapulver, edelsüß

1 Die Schnitzel waschen und trocken tupfen. Etwa ein Viertel der Kräutermischung mit dem Olivenöl verrühren.

2 Den Ziegenkäse mit der Milch cremig rühren. Die Knoblauchzehen abziehen und durchpressen. Mit den restlichen Kräutern und dem Paprikapulver unter die Ziegenkäsemischung rühren.

3 In jedes Schnitzel eine Tasche schneiden. Jeweils ein Viertel der Käse-Kräuter-Mischung einfüllen und die Öffnung mit einem Holzstäbchen zusammenstecken.

4 Die Schnitzel rundherum mit dem Kräuteröl bestreichen. Entweder auf dem Grill garen oder im Backofen bei Grillstufe. Man kann sie aber auch in der Pfanne braten, dabei mehrmals wenden.

Tipp

Dieses schnelle Gericht eignet sich gut für ein sommerliches Grillfest oder fürs Picknick. Man kann die Schnitzel aber auch daheim auf dem Herd in der Pfanne braten und einfach mit frischem Weißbrot und einem großen Salat servieren.

Hauptspeisen | Fleisch & Geflügel

Perlhuhn in Halbtrauer – Pintade demi-deuil

Für 6 Personen:
1 Perlhuhn vom Bauernhof (küchenfertig vorbereitet, 1,1-1,5 kg)
je 200 g Geschnetzeltes vom Schwein und vom Kalb (z.B. Hüfte oder Nuss)
etwa 100 g Gänselebern
2 schöne Wintertrüffel (ca. 30 g)
Salz, Pfeffer
etwa 100 g Butter
4-5 Spanische Artischocken (Cardy; ersatzweise 600 g Zuckerschoten)
Honig für die Zuckerschoten
1 EL Mehl
400 g Crème fraîche

1 Perlhuhn außen und innen waschen und trocken tupfen. Das Geschnetzelte fein hacken oder durch die grobe Scheibe des Fleischwolfs drehen. Die Gänselebern klein schneiden.

2 Eine Trüffel fein reiben, die andere halbieren: Die eine Hälfte in Streifen schneiden, die andere in Stückchen.

3 In die Haut des Perlhuhns kleine Kerben schneiden, mit den Fingern auseinanderziehen und Trüffelstreifchen unter die Haut schieben, vor allem auf der Brustseite. Anschließend die Öffnungen so gut wie möglich wieder verschließen.

4 Für die Füllung des Perlhuhns gehacktes Fleisch, Lebern und geriebene Trüffel mit Salz und Pfeffer mischen. Die Masse in das Huhn füllen und die Öffnung mit Nadel und Faden oder mit Zahnstochern gut verschließen.

5 Den Grill im Backofen auf 180 °C (Umluft) schalten. Das Perlhuhn in eine Bratraine legen, die Butter dazugeben. Das Huhn in den Backofen schieben. Während der Garzeit mehrmals wenden und jedes Mal mit der Butter einpinseln. Nach 70 bis 90 Minuten die Garprobe machen: Stechen Sie tief in den Hühnerschenkel: Wenn nur noch klarer Saft austritt, ist das Huhn gar.

6 In der Zwischenzeit die Spanischen Artischocken putzen: Die Enden der Blattstiele abschneiden, die zähen Fäden abziehen. Die Stiele in 5 Zentimeter lange Stücke schneiden und 15 bis 20 Minuten in kochendem Salzwasser blanchieren. Oder die Zuckerschoten einige Minuten in Salzwasser blanchieren, mit Salz, Pfeffer und Honig abschmecken.

7 2 Esslöffel Butter in einer Kasserole erhitzen und das Mehl darin anschwitzen. Crème fraîche zugeben und alles unter Rühren einmal aufkochen lassen. Die Sauce mit Salz und Pfeffer würzen und die beiseitegelegten Trüffelstückchen unterziehen.

8 Die abgetropften Cardy-Stücke (oder Zuckerschoten) und die Trüffelsauce zum Perlhuhn servieren.

Hähnchenrouladen mit Spinat

Für 4 Personen:
8 Hähnchenbrustfilets
Salz, Pfeffer
1 Knoblauchzehe
1 kleine Zwiebel
1 rote Chilischote
1 Karotte
200 g Blattspinat
8 dünne Scheiben
Parmaschinken
2 EL Olivenöl

Für die Sauce
2 Knoblauchzehen
1 rote Chilischote
300 g Tomaten
2 große Tassen heiße Brühe
Salz, Pfeffer

1 Die Hähnchenbrüste waschen, trocken tupfen und quer tief einschneiden, aber nicht ganz durchschneiden, so dass sie an einer langen Seite noch zusammenhängen. Aufklappen und flach drücken, salzen und pfeffern.

2 Knoblauch und Zwiebel abziehen, Chilischote entkernen, Karotte schälen. Alles sehr fein hacken. Den Spinat waschen und tropfnass in einen Topf geben. Erhitzen, bis er zusammenfällt. Auf ein Sieb abgießen und ausdrücken.

3 Jede Hähnchenroulade mit einer Scheibe Schinken belegen. Darauf die gehackten Gemüse verteilen, mit Spinat bedecken und noch einmal salzen und pfeffern. Die Rouladen aufrollen und mit Holzstäbchen zusammenstecken.

4 Das Öl erhitzen und die Rouladen von allen Seiten braun anbraten. Herausnehmen und zur Seite stellen.

5 Für die Sauce den Knoblauch abziehen, die Chilischote entkernen. Beides fein hacken. Die Tomaten waschen, kurz überbrühen, kalt abschrecken und häuten. Die Tomaten entkernen und in Würfel schneiden.

6 Im Bratöl Knoblauch und Chili anbraten. Die Tomatenwürfel zugeben und andünsten. Die Rouladen mit dem gezogenen Fleischsaft auf die Tomatenwürfel legen. Seitlich etwas Brühe zugießen und die Rouladen bei geringer Hitze etwa 20 bis 30 Minuten leise kochen lassen. Dabei ab und zu etwas heiße Brühe zugießen.

7 Die Rouladen auf eine vorgewärmte Platte legen, die Sauce mit Salz und Pfeffer abschmecken und vor dem Servieren über die Rouladen gießen.

Entenbrust im Salzteig mit Kürbisflan

Für 4 Personen:
Für die Entenbrüste
4 Entenbrüste
600 g grobes Salz
350 g Mehl
2 Eiweiß
4 Saftorangen
2 EL Zucker
200 ml trockener Rotwein
200 ml Kalbsfond
Salz, Pfeffer

Für den Kürbisflan
300 g Muskatkürbis
Olivenöl
3 Eier
150 g Sahne
Salz, Pfeffer
Fett für die Förmchen
etwas geriebener Parmesan
zum Bestreuen

1. Die Entenbrüste auf ihrer Fettseite kreuzweise einritzen. Dann auf dieser Seite leicht anbraten, bis sie Farbe bekommen. Nun auch von den anderen Seiten kurz anbraten, insgesamt etwa 5 Minuten bei schwacher bis mittlerer Hitze. Den Backofen auf 250 °C vorheizen.

2. Für den Teig das grobe Salz mit 300 Gramm Mehl und Eiweiß sowie Wasser nach Bedarf zu einem geschmeidigen Teig vermengen. Den Teig 1 Zentimeter dick ausrollen und die Entenbrüste darin einschlagen, Teigöffnung mit den Fingern zusammendrücken.

3. Die Entenbrüste im Teig auf einem mit Backpapier belegten Blech sofort in den Backofen schieben und die Hitze auf 160 °C reduzieren. Die Entenbrüste etwa 10 bis 16 Minuten garen. Wenn die Entenbrüste eine Innentemperatur von 50 °C haben, sind sie fertig und rosa gegart. Herausnehmen und sofort aus dem Teig herausschneiden, da sie sonst zu viel Salz aufnehmen. Warm stellen.

4. Während die Entenbrüste garen, den Flan vorbereiten. Kürbis schälen und klein schneiden. In etwas Olivenöl anbraten, dann in wenig Wasser 15 Minuten kochen. Pürieren, Eier und Sahne zufügen und noch einmal durchmixen. Salzen, pfeffern und in gut gefettete Muffinförmchen einfüllen. Die Förmchen ins Wasserbad stellen und im Backofen bei 160 °C etwa 15 Minuten backen.

5. Aus den Orangen 200 Milliliter Saft pressen. In einem Topf den Zucker karamellisieren lassen. Mit Orangensaft, Rotwein und Kalbsfond aufgießen und etwas einkochen lassen. Restliches Mehl in 100 Milliliter Wasser einrühren und mit 1 bis 2 Esslöffel davon die Sauce binden. Mit Salz und Pfeffer abschmecken. Kürbisflan stürzen, mit Parmesan bestreuen und mit den Entenbrüsten und der Orangensauce anrichten.

Entenbrust mariniert in Zitronengras und Ingwer

Für 2 Personen:
2 cm Ingwer
1 Stengel Zitronengras
6 EL Sojasauce
1 EL Honig
1 EL Limettensaft
½ TL Sambal Oelek
1 Knoblauchzehe
2 Entenbrüste (à ca. 330 g)
1-2 TL Speisestärke
2 unbehandelte Limetten

1. Für die Marinade Ingwer und Zitronengras sehr fein schneiden. Mit Sojasauce, Honig, Limettensaft, Sambal Oelek und durchgepresstem Knoblauch verrühren. Die Haut der Entenbrüste schräg einschneiden und das Fleisch in der Sauce etwa 1 Stunde marinieren lassen. Den Backofen auf 200 °C vorheizen.
2. Die Entenbrüste aus der Marinade nehmen und mit Küchenpapier leicht abtupfen. In einer heißen Pfanne ohne zusätzliches Fett zuerst auf der Hautseite, dann auf der Fleischseite bei milder Hitze je 5 bis 6 Minuten anbraten. Die Entenbrüste in eine Ofenform legen und im vorgeheizten Backofen noch 5 bis 8 Minuten garen.
3. Die restliche Marinade erhitzen und mit etwas in wenig Wasser angerührter Speisestärke binden. Kurz aufkochen lassen, bis die Sauce klar und sämig wird. Zum Servieren die Sauce über die in Scheiben geschnittene Entenbrust träufeln. Mit Limettenscheiben anrichten.

Tipp

Für Entenfleisch gilt wie für alle Geflügelsorten: Kaufen Sie möglichst Fleisch von Tieren aus Freilandhaltung, es hat mehr Muskelfleisch und weniger Fettgehalt. Ente enthält durch die dicke Fettschicht unter der Haut zwar immer jede Menge Fett, beim Braten schmilzt aber ein Großteil davon und lässt die Haut schön knusprig werden.

Cassoulet aus Castelnaudary – Hauptstadt des Cassoulet

Für 6 Personen:
400 g getrocknete weiße Bohnen (am besten Lingot-Bohnen)
300 g Schweineschwarte (beim Metzger vorbestellen)
etwa 1 kg Geflügel- und / oder Schweineknochen (am besten gemischt)
1–2 Knoblauchzehen
1 Bund Suppengemüse
Salz, Pfeffer
1 EL Tomatenmark
200 g Enten- oder Gänse-Confit (ersatzweise Entenkeulen)
etwa 800 g Schweinshaxe oder -schulter
200 g Knoblauchwürste aus Schweinefleisch

1. Bohnen über Nacht in kaltem Wasser einweichen. Abgießen, in einen Topf mit kaltem Wasser geben und zum Kochen bringen. 5 Minuten sprudelnd kochen, Wasser weggießen.
2. Inzwischen eine Brühe ansetzen aus 2 ½ Liter Wasser mit der in dünne Streifen geschnittenen Speckschwarte, Knochen, Knoblauch und geputztem, grob geschnittenem Suppengemüse. Salzen und pfeffern. Etwa 3 Stunden kochen lassen, filtern. Schwarte aufheben, übrige Reste wegwerfen.
3. Die Bohnen in die Brühe geben und darin 30 bis 120 Minuten lang kochen, bis sie weich sind. Sie müssen aber ganz bleiben. Während des Garens das Tomatenmark unterrühren.
4. Das Confit in einer großen Pfanne bei milder Hitze auslassen. Die Stücke herausnehmen und beiseitelegen.
5. Im verbleibenden Fett das Schweinefleisch (ohne Knochen, in grobe Stücke geschnitten) goldbraun braten, herausnehmen. Im selben Fett die Würste goldbraun braten.
6. Den Boden des typischen Tongefäßes für das Cassoulet (es heißt »la cassole«) oder einer Auflaufform mit den Speckschwartenstreifen auslegen. Darauf ein Drittel der Bohnen geben. Das Fleisch darauflegen, mit den restlichen Bohnen bedecken. Als Abschluss die Würste in die Bohnen drücken, sie sollen noch zu sehen sein.
7. So viel heiße Brühe zugießen, dass diese die Bohnen gerade bedeckt. Mit Pfeffer aus der Mühle würzen, nicht umrühren. Das Gericht bei 160 °C in den vorgeheizten Backofen stellen und 1 ½ bis 2 Stunden garen lassen.
8. In dieser Zeit bildet sich an der Oberfläche eine goldbraune Kruste, die mehrmals (früher sagte man siebenmal) mit einem Kochlöffel eingetaucht werden muss, ohne die Bohnen zu zerquetschen. Dabei sollte man überprüfen, ob die Bohnen nicht austrocknen, und gegebenenfalls noch etwas Brühe nachgießen, aber nur so viel, dass die Bohnen nicht schwimmen. Das Cassoulet im Topf kochend servieren.

Gänsebraten mit Maroni-Kumquat-Füllung

Für 5-6 Personen:
1 küchenfertige Gans
(3,5-5 kg)
etwa 500 g Salz
Pfeffer

Für die Füllung
1 Handvoll Rosinen
1 große Tasse frisch gebrühter grüner Tee
2 Handvoll Maronen (Esskastanien)
2 Kumquats
etwa ½ l Gemüsebrühe

1. Die Gans über Nacht in Salzwasser einlegen (auf 1 l Wasser 50 g Salz). Am nächsten Tag die Gans herausnehmen, trocken tupfen und innen pfeffern.
2. Für die Füllung die Rosinen etwa 1 Stunde in grünem Tee quellen lassen. Die Schale der Maronen oben über Kreuz einschneiden und die Kastanien etwa 10 Minuten in Wasser kochen. Herausnehmen und schälen. Die Kumquats waschen und halbieren. Den Backofen auf 180 °C vorheizen.
3. Rosinen, Maroni und Kumquats mischen und in die Gans füllen. Die Öffnung mit Küchengarn zunähen. Die Gans mit der Brustseite nach unten in einen Bräter legen, etwas Gemüsebrühe angießen und im vorgeheizten Backofen braten. Ab und zu Brühe zugießen. Die Bratzeit richtet sich nach dem Gewicht der Gans und beträgt etwa 15 Minuten pro 500 Gramm.
4. Während der letzten 15 Minuten den Ofen auf 220 °C Oberhitze schalten, die Gans auf den Rücken drehen und auf der untersten Schiene fertig garen. Um die Garprobe zu machen, stechen Sie mit einer Gabel in die dickste Stelle einer Keule. Wenn das Fleisch dort leicht nachgibt und nur noch klarer Saft austritt, ist das Geflügel gar.

Variante: Semmelfüllung mit Lauch

Eine andere leckere Füllung für die Gans ist die **Semmelfüllung mit Lauch**. Dafür 2 Stangen Lauch putzen und klein schneiden. Kurz in kochendem Wasser blanchieren und in einem Sieb gut ausdrücken. 3 Semmeln in Würfel schneiden und mit dem Lauch und 2 Eiern vermischen. Salzen, pfeffern und in die Gans füllen.

Zweifach gegarte Taube aus der Drôme mit getrüffeltem Püree

Für 4 Personen:
4 kleine Tauben
1 Dose Entenschmalz
(etwa 80 g; ersatzweise
Gänseschmalz)
Salz, Pfeffer
1-2 Lorbeerblätter
100 g weiche Butter
2 schöne Perigord-Trüffel
(30 g)
1 kleine Zwiebel
1 mittelgroße Karotte
½ l Geflügelfond
50 ml Rotwein oder
Noilly Prat
400 g Kartoffeln

1. Tauben in Schenkel und Bruststücke zerlegen, dabei die Flügel an den Bruststücken belassen.
2. Das Schmalz in einen Stieltopf geben, salzen, pfeffern und Lorbeerblätter hinzufügen. Aus der weichen Butter und etwa 10 Gramm Trüffel, die mit der Gabel zerdrückt wird, Trüffelbutter zubereiten. 1 Esslöffel davon für die Sauce kalt stellen.
3. Die Schenkel etwa 15 Minuten lang bei milder Hitze im Schmalz ausbraten, herausnehmen. Die Knochenreste (alles außer Schenkel und Bruststücken) in Stücke schneiden und in einem Teil des Entenfetts rösten. Halbierte Zwiebel und in Stücke geschnittene Karotte mitrösten. Den Geflügelfond zugießen und aufkochen lassen. Etwa 1 Stunde leise kochen lassen, die Brühe filtern. Rotwein oder Noilly Prat zugeben und offen einkochen lassen. Beiseitestellen.
4. Für das Püree die Kartoffeln in wenig Wasser gar kochen, abgießen und pellen. Mit dem Kartoffelstampfer zerdrücken und die Trüffelbutter untermischen. Restliche Trüffelknolle über das fertige Püree hobeln.
5. Die Bruststücke in einem Teil des Entenfetts auf der Hautseite etwa 7 Minuten durchbraten und nur wenige Sekunden von der anderen Seite. Warm stellen.
6. Die Sauce noch einmal erhitzen, salzen und pfeffern. Unmittelbar vor dem Servieren die kalt gestellte Trüffelbutter unterschlagen. Taubenstücke mit der Sauce und dem Kartoffelpüree servieren.

Jungschweinebraten mit Gewürznelken

Für 4 Personen:
etwa 1 kg Schweineschulter
(in einem Stück)
Salz, Pfeffer
Thymian
2 EL Sonnenblumenöl
etwa ½ l Orangensaft
etwa ½ l Brühe
6–8 Gewürznelken
2 cl Cointreau
(ersatzweise Orangensaft)
1 Orange

1 Den Backofen auf 180 °C vorheizen. Das Fleisch mit Salz, Pfeffer und Thymian einreiben. In einem Bräter zunächst auf dem Herd im heißen Öl von allen Seiten anbraten. Mit etwa der Hälfte des Orangensafts und der Hälfte der Brühe aufgießen, die Nelken dazugeben.
2 Den Schweinebraten im heißen Ofen etwa 1 bis 1 ½ Stunden braten. Ab und zu mit der restlichen Flüssigkeit aufgießen.
3 Das Fleisch herausnehmen und zugedeckt warm stellen. Den Bratensatz eventuell mit etwas Brühe lösen, die Sauce durch ein feines Sieb gießen und noch einmal erwärmen. Mit Salz, Pfeffer und Cointreau abschmecken.
4 Die Orange filetieren (siehe Tipp). Das Fleisch in Scheiben schneiden und mit den Orangenfilets verzieren. Die Sauce dazu reichen.

Tipp
So filetieren Sie eine Orange: Mit einem scharfen Messer zunächst die Schale so abschneiden, dass auch das Weiße entfernt wird. Dann die Orangenspalten zwischen den weißen Trennhäuten mit dem Messer herausschneiden – fertig! Am besten arbeiten Sie dabei über einem Teller. Den abgetropften Saft können Sie dann noch verwenden – zum Beispiel für die Bratensauce.

Schweineschnitzel mit Salbei

Für 4 Personen:
8 kleine Schweineschnitzel
(à 65 g)
Salz, weißer Pfeffer
4 große Scheiben roher
Schinken
8 Blätter frischer Salbei
Mehl
5 EL Butter
1 Glas trockener Weißwein
1 TL mittelscharfer Senf

1 Die Schweineschnitzel flach klopfen und leicht salzen und pfeffern. Die Schinkenscheiben halbieren. Auf jedes Schnitzel eine halbe Schinkenscheibe und ein Salbeiblatt legen. Die Schnitzel zusammenklappen und mit Zahnstochern zusammenstecken.

2 Die Schnitzel in etwas Mehl wenden. Überschüssiges Mehl abklopfen. Die Butter in einer Pfanne erhitzen und die Schnitzel darin von jeder Seite 2 bis 3 Minuten braten, herausnehmen und warm stellen.

3 Den Bratfond in der Pfanne mit Weißwein ablöschen. Senf einrühren, die Sauce etwas einkochen lassen und zum Servieren über die Schnitzel gießen.

Tipp

Wann haben Sie das letzte Mal einen fetten Schweinebraten gegessen? Oder ein Schweineschnitzel mit dickem Fettrand? Schweinefleisch mit Fett schmeckt viel besser! Die deutschen Verbraucher tragen durch ihr Kaufverhalten dazu bei, dass alte, gesunde Haustierrassen, vor allem Schweinerassen, am Aussterben sind. Möglichst mager, am besten fettlos – so will der Verbraucher sein Schweinefleisch. Deshalb wurden seit den 1950er Jahren Rassen gezüchtet, deren Fettanteil immer geringer wird. Allerdings sind diese Schweine krankheits- und stressanfälliger, was wiederum zu einem erhöhten Einsatz von Medikamenten in der Zucht führt. Die »Gesellschaft zur Erhaltung alter und gefährdeter Haustierrassen« (GEH) hat sich der Zucht alter Schweinerassen verschrieben, manche Bundesländer fördern diese Erhaltungsbemühungen etwa beim Bunten Bentheimer Schwein, beim Schwäbisch-Hällischen Landschwein oder beim Deutschen Sattelschwein. Wenn Sie das Glück haben, einen der wenigen Züchter bedrohter Schweinerassen zu kennen, versuchen Sie einmal, Schweinefleisch von dort zu beziehen.

Tiroler Speckknödel

Für 4 Personen:
250 g Tiroler Bauernspeck
6 Semmeln
¼ l Milch
2 Schalotten
1 Bund glatte Petersilie
60 g Mehl
Meersalz, Pfeffer
2 Eier
evtl. 1 l Fleischbrühe
3 EL Butter
1 Bund Schnittlauch

1. Den Speck in sehr kleine Würfel schneiden. Die Semmeln ebenfalls in Würfel schneiden. Die Milch erhitzen.
2. Schalotten abziehen, Petersilie waschen und trocken tupfen. Beides fein hacken.
3. Den Speck in einer großen Pfanne auslassen, die Semmelwürfel und die Schalotten dazugeben. Beides etwas anrösten. Zum Schluss kurz die Petersilie mit anrösten. Die Masse in eine Schüssel umfüllen.
4. Die heiße Milch über die Semmelmasse gießen. Das Mehl darüberstreuen. Die Eier mit Salz und Pfeffer verquirlen und dazugeben. Den Knödelteig mit den Händen gut durcharbeiten, bis er bindet. Etwa 15 Minuten ruhen lassen.
5. Mit feuchten Händen acht kleine Knödel formen. Die Fleischbrühe oder 1 Liter Salzwasser zum Kochen bringen. Die Knödel einlegen und 15 bis 20 Minuten ziehen lassen, das Wasser soll nicht sprudelnd kochen. Die Knödel mit einem Schaumlöffel herausnehmen.
6. Zum Servieren die Butter zerlassen und den in Röllchen geschnittenen Schnittlauch dazugeben. Die Knödel in der Schnittlauchbutter wenden und servieren.

Tipps

~ In meiner Heimat isst man die Knödel auch gern als Suppeneinlage in einer guten Fleischbrühe.
~ Für Kühe, Schweine und Hühner ist Freilandhaltung am tierfreundlichsten und für Menschen am gesündesten. Fleisch aus Weidehaltung hat eine höhere Qualität, es ist zarter und enthält mehr Omega-3-Fettsäuren. Artgerecht ist nur die Gruppenhaltung mit Freilauf, und das sollte unter anderem auch für Rinder, Gänse und Kaninchen gelten. Unterstützen Sie regionale Produzenten von Bio-Fleisch mit einer 100-prozentigen artgerechten Tierhaltung und einer ökologischen Landwirtschaft.

Marinierte Rindersteakspieße mit Orange

Für 4 Personen:
1–1,5 kg Rindersteakfleisch
2 unbehandelte Orangen
4 cm Ingwer (ergibt ca. 2 EL fein geschnitten)
3 Knoblauchzehen
⅛ l Sojasauce
⅛ l trockener Sherry
60 ml frisch gepresster Orangensaft
½ TL gemörserte getrocknete Chili
6 junge Frühlingszwiebeln

1 Das Fleisch in 4 bis 5 Zentimeter breite Scheibchen schneiden. Die Orangen in knapp 1 Zentimeter dicke Scheiben schneiden, je nach Größe halbieren oder vierteln. Den Ingwer schälen und fein schneiden. Die Knoblauchzehen abziehen und hacken. Alle Zutaten, außer den Frühlingszwiebeln, in einer Schüssel vermischen. Das Fleisch mindestens 30 Minuten, besser etwa 4 Stunden marinieren.

2 Die Frühlingszwiebeln putzen, das obere Drittel Grün und den Ansatz mit der Wurzel wegschneiden. Die Frühlingszwiebeln in 4 bis 5 Zentimeter lange Stücke schneiden.

3 Das Fleisch aus der Marinade nehmen. Abwechselnd mit den Frühlingszwiebeln und den Orangenscheiben auf zwölf Spieße aufspießen.

4 Bei großer Hitze auf dem offenen Grill oder bei Grillstufe im Backofen etwa 7 Minuten grillen. Auch in der Grillpfanne auf dem Herd kann man die Spieße garen. Zum Servieren die Marinade erhitzen und über die Spieße gießen.

Tipps
~ Dazu schmecken Duftreis und Salat oder auch nur frisches Weißbrot.
~ Das feinste Fleisch für die Spieße sind Filet und Lende oder Roastbeef. Günstiger und ebenso geeignet ist aber auch Fleisch von der Rinderhüfte. Im Zweifel lassen Sie sich von einem guten Metzger beraten.

Rindfleischstreifen mit Bambus und Ingwer

Für 4 Personen:
500–600 g Rindfleisch (mageres Steakfleisch)
2–3 EL Sesamöl
je 2 EL helle und dunkle Sojasauce
5 Knoblauchzehen
2 cm Ingwer
1 TL Zucker
Sonnenblumenöl
200 g Bambussprossen (Dose)
1 mittelgroße Zwiebel
2 EL Maismehl
einige Zweige Koriandergrün

1. Das Rindfleisch in dünne Streifen von etwa 5 Zentimeter Länge schneiden. Das Fleisch lässt sich leichter dünn schneiden, wenn man es für 1 Stunde in den Gefrierschrank legt. Das Sesamöl mit den beiden Sojasaucen, 2 durchgepressten Knoblauchzehen, fein gehacktem Ingwer und Zucker mischen und die Streifen darin 30 Minuten marinieren.
2. In einem Wok etwas Sonnenblumenöl erhitzen. 3 fein geschnittene Knoblauchzehen und den in Streifen geschnittenen Bambus anbraten. Die Zwiebel abziehen und in Streifen schneiden. Ebenfalls anbraten, bis sie goldgelb ist.
3. Das Fleisch dazugeben, anbraten und etwa 120 Milliliter Wasser zugießen, kurz kochen lassen. Wenn das Fleisch weich ist, das Maismehl in wenig Wasser anrühren, dazugeben, kurz durchkochen. Mit abgezupften Korianderblättchen bestreut servieren.

Tipp
Zu diesem schnellen China-Gericht aus der kantonesischen Küche passt natürlich gedämpfter Reis, außerdem ein knackiger Salat aus verschiedenen Blattsalaten oder auch hauchdünn geschnittener Rettich.

Hauptspeisen | Fleisch & Geflügel

Thailändischer Rindfleischsalat

Für 4 Personen:
600 g Rindfleisch
(mageres Steakfleisch)
Cayennepfeffer
Salz, Pfeffer
120 g Langkornreis
1 großer Eisbergsalat
1-2 grüne Chilischoten
2 Zwiebeln
3 Knoblauchzehen
4 EL helle Sojasauce
2 EL frischer Limettensaft
(ersatzweise Zitronensaft)
Sonnenblumen- oder
Rapsöl

1 Das Rindfleisch in dünne Scheibchen schneiden. Mit Cayennepfeffer, Salz und Pfeffer würzen und auf einem Grill oder in einem Wok portionsweise durchrösten.
2 Reis in einem Topf ohne Fett kurz durchrösten. Die Reiskörner in einen Gefrierbeutel geben, auf ein Brett legen und mit einem Teigroller etwas zerkleinern. Den Reis in ausreichend Salzwasser weich kochen, auf einem Sieb abtropfen lassen.
3 Den Eisbergsalat waschen, trocken schleudern und in 3 Zentimeter breite Streifen schneiden.
4 Die Chilischoten putzen, die Zwiebeln und den Knoblauch abziehen. Alles in feine Streifchen schneiden. Mit Sojasauce und Limettensaft vermischen und das Fleisch dazugeben.
5 Reis und Eisbergsalat untermischen, mit Sonnenblumen- oder Rapsöl abschmecken. Den Salat vor dem Servieren nicht lange stehen lassen!

Tipp
Dieses leichte Gericht ist schnell zubereitet. Es eignet sich als feiner Mittagsimbiss im Sommer, weil es zwar auf gesunde Weise satt macht, aber den Magen nicht belastet.

Tafelspitz mit Rotweinschalotten

Für 4 Personen:
1 schönes Stück Tafelspitz
(ca. 750 g–1 kg)
5 Rindermarkknochen
2 Karotten
1 Stück Sellerieknolle
1 Stange Lauch
1 Zwiebel
2 Lorbeerblätter
einige Pfefferkörner
Salz
Petersilienwurzel
und -stengel
Pfeffer
Balsamico bianco
Distelöl

Für die Rotweinschalotten
500 g schöne kleine
Schalotten
1 EL Butterschmalz
1 EL brauner Zucker
1–2 Gläser Rotwein

1 Den Tafelspitz mit Rindermarkknochen, dem geputzten Gemüse und der mit Schale halbierten Zwiebel in einen Topf mit kochendem Wasser geben. Lorbeerblätter, Pfefferkörner, Salz, Petersilienwurzel und -stengel zufügen. Das Wasser soll das Fleisch gut bedecken. Das Fleisch etwa 1 bis 1 ½ Stunden sieden lassen. Ab und zu den Schaum abschöpfen, verkochte Flüssigkeit eventuell nachgießen.
2 Für die glasierten Rotweinschalotten die Schalotten abziehen. In einem Topf oder einer Pfanne das Butterschmalz zerlassen und die Schalotten darin goldbraun anbraten. Zuckern, mit Rotwein ablöschen und weich schmoren.
3 Das weich gekochte Fleisch herausnehmen. Vor dem Aufschneiden unter einer übergestülpten angewärmten Schüssel 10 Minuten ruhen lassen.
4 Fleisch in dünne Scheiben schneiden, auf eine vorgewärmte Platte legen und mit einigen Löffeln heißer Suppe übergießen. Salzen, pfeffern und mit etwas Essig und Öl beträufeln. Mit den Rotweinschalotten servieren.

Tipps
~ Dazu passen Petersilienkartoffeln und Meerrettichsahne: Dafür einfach etwas steif geschlagene Sahne mit frisch geriebenem Meerrettich verrühren.
~ Neben dem feinen, aber auch teueren Tafelspitz, der aus dem oberen Teil der Rinderkeule geschnitten wird, eignet sich auch die günstigere Hochrippe zum Kochen. Sie ist etwas stärker marmoriert, also von Fett durchzogen, dafür aber schön kräftig im Geschmack.

Kalbfleisch-Piroggen mit Zwiebelbutter

Für 4 Personen
(etwa 16 Stück):
250 g Mehl
180 ml heißes Wasser
100 g Zwiebeln
Majoran
Rosmarin
300 g gekochtes Kalbfleisch
(evtl. Reste vom Vortag)
50 g Kalbsleber
Salz, Pfeffer
4-5 EL Zwiebelschmalz
(siehe Tipp)
Mehl für die Arbeitsfläche
1-2 Eiweiß zum Bestreichen

Für die Zwiebelbutter
100 g Butter
100 g Zwiebeln

1. Aus dem Mehl und dem Wasser einen Teig kneten. Abgedeckt kurz ruhen lassen.
2. Für die Füllung die Zwiebeln abziehen und fein hacken. Kräuter hacken, Kalbfleisch und Leber in kleine Würfel schneiden. Alle vorbereiteten Zutaten mit Salz, Pfeffer und Zwiebelschmalz gut vermischen. Die Füllung in den Kühlschrank stellen.
3. Den Teig auf einer bemehlten Arbeitsfläche dünn ausrollen. Runde Plätzchen von 10 Zentimeter Durchmesser ausstechen. Auf jedes der Plätzchen 1 gehäuften Esslöffel Füllung geben, dabei einen breiten Rand frei lassen. Die Ränder mit etwas verquirltem Eiweiß bestreichen. Plätzchen zu halbrunden Taschen zusammenklappen und die Ränder mit einer Gabel fest zusammendrücken.
4. In einem Topf die Butter schmelzen. Die Zwiebeln abziehen und in Würfel schneiden. In der Butter etwa 30 Minuten goldbraun rösten.
5. In einem großen Topf ausreichend Salzwasser zum Kochen bringen. Die Piroggen portionsweise darin kochen. Sobald sie an die Oberfläche steigen, sind sie gar. Die Piroggen mit einem Schaumlöffel herausnehmen und auf einem Sieb abtropfen lassen.
6. Die Piroggen heiß mit der Zwiebelbutter servieren.

Variante: Zwiebelschmalz
> **Zwiebelschmalz** können Sie ganz einfach selber machen. Dafür 500 Gramm grünen Speck in kleine Würfel schneiden und in einem großen Topf auslassen. Wenn die Speckwürfel kross sind, mit einem Schaumlöffel herausfischen und 250 Gramm gewürfelte Zwiebeln ins Fett rühren. Sobald die Zwiebeln braun sind, gibt man die Speckwürfel wieder dazu und füllt das Schmalz in Gläser ab.

Kalbsfilet mit Limettensauce

Für 4 Personen:
1 Kalbsfilet (ca. 600-700 g)
Salz, schwarzer Pfeffer
1 EL Butterschmalz

Für den Sud
1 Stück Sellerieknolle
2 mittelgroße Karotten
1 l Hühnerbouillon
Saft von 1 ½ Limetten
5 Zweige Petersilie

Für die Sauce
150 g Crème double
2 EL weiche Butter
1 gehäufter TL Mehl
Salz, Pfeffer
Saft von 1 Limette
14 Basilikumblätter

1 Das Kalbsfilet mit Salz und Pfeffer würzen und im heißen Butterschmalz rundherum insgesamt 3 Minuten anbraten. Herausnehmen.
2 Den Sellerie und die Karotten waschen, putzen und in kleine Stücke schneiden. Zusammen mit der Bouillon, der Hälfte des Limettensafts und den Petersilienzweigen auf kleinem Feuer 15 Minuten kochen lassen. Für die Sauce 200 Milliliter Sud absieben und beiseitestellen.
3 Das Kalbsfilet in den restlichen Sud legen und aufkochen. Die Hitze etwas reduzieren und das Filet unmittelbar vor dem Siedepunkt etwa 25 Minuten gar ziehen lassen.
4 In der Zwischenzeit die abgemessene Menge Sud auf die Hälfte einkochen lassen. Crème double beifügen und einen Moment mitkochen lassen. Die Butter mit dem Mehl verkneten und flockenweise in die kochende Sauce geben. Mit Salz, Pfeffer und Limettensaft abschmecken.
5 Das Kalbsfilet aus dem Sud nehmen, gut abtropfen lassen und in Scheiben schneiden. Unmittelbar vor dem Servieren die Sauce nochmals aufkochen, kurz schaumig aufschlagen und das fein geschnittene Basilikum beifügen.
6 Die Filetscheiben auf vorgewärmten Tellern anrichten und mit der Sauce umgeben.

Kaninchenroulade mit Honigkarotten

Für 4 Personen:
2 Kaninchenrücken
(à 500 g; mit Leber)
Olivenöl
Salz, Pfeffer
einige Zweige frischer
Thymian
einige Zweige Petersilie
1 EL Dijonsenf

Für die Honigkarotten
500 g Karotten
1 EL Butter
2 EL Honig
1 EL Zitronensaft
Salz
etwa ½ Tasse heißes Wasser
einige Zweige Petersilie

1 Die Kaninchenrücken mit den Bauchlappen vom Knochen lösen, die kleinen Filets auslösen, die Leber ablösen. Die Leber im heißen Olivenöl anbraten, mit Salz und Pfeffer würzen. Abkühlen lassen und in feine Scheiben schneiden.

2 Die vier ausgelösten Rücken ausbreiten, zwischen Klarsichtfolie legen und die Bauchlappen plattieren, ohne das Rückenfleisch zu beschädigen. Thymian und Petersilie fein hacken. Die Kaninchenrücken salzen und pfeffern, mit dem Senf bestreichen und die Kräuter darüberstreuen. Die Leber auf den Bauchlappen verteilen und alles aufrollen.

3 Den Backofen auf 85 °C vorheizen. Vier Blätter Alufolie einbuttern, mit Salz und Pfeffer bestreuen, die Rouladen darauflegen. Fest einrollen und die Seiten zudrehen.

4 Die Rouladen auf ein Backblech legen und im vorgeheizten Backofen 30 Minuten garen. In der Folie warm stellen. Erst kurz vor dem Servieren herausnehmen und aufschneiden.

5 Die Karotten putzen und in Streifen schneiden. Butter zerlassen, Honig und Zitronensaft einrühren, mit Salz abschmecken. Die Karotten darin anschmoren. Heißes Wasser angießen.

6 Die Hitze reduzieren und alles schmoren, bis die Karotten gerade bissfest sind. Die Karotten mit Petersilienblättchen bestreuen und zur Kaninchenroulade servieren.

Tipp: Ingwerkarotten
Dazu schmecken Süßkartoffeln. Auch **Ingwerkarotten** passen gut zum Kaninchen: Dafür in der zerlassenen Butter etwas braunen Zucker auflösen und die Karotten darin anschmoren. ½ Tasse Chicken-Chilisauce, 1 Teelöffel Currypulver und 2 Knoblauchzehen, 1 Stückchen Ingwer und 1 rote Chilischote, alles fein gehackt, zugeben. Bei kleiner Hitze die Karotten bissfest schmoren, mit Salz und Zucker abschmecken.

Asia-Lammkeule
mit Süßkartoffelpüree und Mangold

Für 4 Personen:
Für die Lammkeule
1,2 kg Lammkeule
2-3 Knoblauchzehen
300 ml Chicken-Chilisauce
1 EL Reiswein
1 EL Zitronensaft
3 cm Ingwer
2 Stengel Zitronengras
evtl. etwas Fleisch- oder Gemüsebrühe

Für das Süßkartoffelpüree
600 g Süßkartoffeln
50-100 ml heiße Milch
50 g Butter
Salz
frisch geriebene Muskatnuss
abgeriebene Schale von
1 unbehandelten Limette
Saft von ½ Limette

Für den Mangold
400 g Mangold
1 Scheibe durchwachsener Speck
1 Zwiebel
einige EL Gemüsebrühe
Salz

1. Das Fleisch waschen und trocken tupfen. Den Knoblauch abziehen und in Stifte schneiden. In die Lammkeule mit einem spitzen Messer kleine Einschnitte machen und in diese die Knoblauchstifte stecken.
2. Aus Chilisauce, Reiswein, Zitronensaft, geriebenem Ingwer und fein geschnittenem Zitronengras eine Marinade mischen und die Lammkeule damit einpinseln. Einige Stunden oder über Nacht ziehen lassen.
3. Den Backofen auf 180 °C vorheizen. Die Lammkeule in einen Bräter legen und im heißen Backofen etwa 1 Stunde garen. Dabei häufig mit der Marinade einpinseln, eventuell etwas Brühe angießen.
4. Die Süßkartoffeln schälen, in wenig Wasser kochen, abgießen und durch die Kartoffelpresse drücken. Heiße Milch, Butter, Salz, Muskat, Limettenschale und -saft unterrühren.
5. Den Mangold putzen. Stiele abschneiden, von den harten Fäden befreien und in 5 Zentimeter lange Stücke schneiden. Die Blätter vierteln. Getrennt in kochendem Wasser blanchieren, die Stiele brauchen 5 Minuten, die Blätter nur 2 Minuten. Speck würfeln und in einer Pfanne auslassen. Die Zwiebel abziehen und fein hacken. In der Pfanne anschwitzen. Abgetropften Mangold zugeben, kurz andünsten und mit Brühe aufgießen. Den Mangold kurz aufkochen lassen, salzen und vom Herd ziehen.
6. Die Lammkeule mit Süßkartoffelpüree und Mangold servieren. Dazu passt eine Paprikasauce (siehe Tipp).

Tipp: Paprikasauce
Für die **Paprikasauce** 1 fein gehackte Zwiebel und 2 Esslöffel Speckwürfel in einer Pfanne anbraten. 2 klein geschnittene rote Paprikaschoten zugeben, etwas edelsüßes Paprikapulver, 2 Esslöffel Ajvar, Salz und 1 Tasse Gemüsebrühe. 30 Minuten kochen, pürieren, mit Salz, Pfeffer und Zucker abschmecken.

Gespicktes Lamm mit Knoblauch und Rosmarin

Für 4-6 Personen:
1 Lammkeule
(ca. 1,5-1,8 kg; vom Metzger entbeinen lassen)
6-8 Knoblauchzehen
1 Bund Rosmarin
3 große Karotten
5 EL Olivenöl
Meersalz, Pfeffer
½ l Brühe

1 Die Lammkeule waschen und trocken tupfen. Knoblauchzehen abziehen und je nach Größe halbieren oder vierteln. Die Rosmarinzweige in Stücke von etwa 3 Zentimeter Länge zupfen. Die Karotten schälen, vierteln und in grobe Stücke schneiden. Den Backofen auf 180 °C vorheizen.

2 Mit einem kleinen spitzen Messer Einschnitte in das Lammfleisch machen und abwechselnd die Knoblauchstücke und die Rosmarinzweige hineinstecken (siehe Steps S. 124).

3 In einem großen Bräter die Karottenstücke verteilen. Das Lamm rundherum mit Olivenöl einpinseln. Mit Salz und Pfeffer einreiben und auf die Karotten setzen.

4 Das Lamm in den vorgeheizten Backofen schieben und etwa 1 Stunde garen. Sobald das Fleisch und die Karotten gut angebräunt sind, seitlich etwas Brühe zugießen. Ab und zu kontrollieren, ob noch Flüssigkeit vorhanden ist. Eventuell weiter Brühe zugießen.

5 Nach Ende der Garzeit in die dickste Stelle der Keule stechen. Tritt nur noch klarer Fleischsaft aus, ist das Fleisch gar. Keule herausnehmen und zugedeckt warm stellen. Den Bratensatz im Bräter mit etwas Brühe lösen und durch ein Sieb passieren. Aufkochen, mit Salz und Pfeffer abschmecken und als Sauce zur Lammkeule reichen.

Gespicktes Lamm mit Knoblauch und Rosmarin

1 Mit einem spitzen kleinen Messer senkrechte Einschnitte in das Lammfleisch machen.

2 Abwechselnd das Fleisch mit Knoblauchstiften ...

3 ... und mit dem in kleine Stücke gezupften Rosmarin spicken.

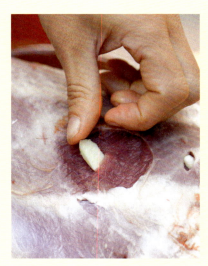

Hauptspeisen | Fleisch & Geflügel

Lammrücken im Thymian-Brot-Mantel

Für 2 Personen:
300 g Lammrücken
(ohne Fett, ohne Sehnen)
Salz, Pfeffer
6 EL Portwein (75 ml)
1 Lorbeerblatt
1 Gewürznelke
1 Prise Zucker
1 Knoblauchzehe
1 großes Bund Thymian
100 g frischer Spinat
100 g Sahne
Majoran
2 Scheiben Sandwichtoast
100 g Butterschmalz

1. Den Lammrücken in drei gleich große Portionen schneiden und diese rundherum salzen und pfeffern. Portwein, Lorbeerblatt, Nelke und Zucker in einem kleinen Topf auf ein Drittel der ursprünglichen Menge einkochen.

2. Knoblauchzehe abziehen. Vier Thymianzweige beiseitelegen, vom restlichen Thymian die Blättchen abzupfen. Eines der drei Lammfleischstücke mit gut der Hälfte des Blattspinats, den Thymianblättchen, Knoblauch, Sahne, Salz, Pfeffer, etwas Majoran und dem abgeseihten Portwein im Mixer zu einer glatten Farce verarbeiten.

3. Die Toastscheiben entrinden und mit der Nudelmaschine oder dem Nudelholz zu 4 Millimeter dicken Scheiben ausrollen. Die Brotscheiben etwa 4 Millimeter dick mit der Lammfarce bestreichen. Mit den restlichen Spinatblättern dünn belegen und je eines der Lammfleischstücke in jeder Toastscheibe einrollen.

4. Butterschmalz und die beiseitegelegten Thymianzweige in einer Pfanne bei mittlerer Hitze erhitzen. Die Rollen auf beiden Seiten darin etwa 4 Minuten goldbraun anbraten. Die Stücke aus der Pfanne nehmen und auf einem Blech im Backofen bei 160 °C (Umluft) etwa 5 Minuten garen. Danach 2 Minuten zugedeckt ruhen lassen und servieren.

Tipp: Gedünsteter Fenchel
Dazu passen geviertelte **Fenchelknollen**, in Butter angebraten und in etwas Weißwein weich gedünstet. Den Fenchelsud schmecke ich mit Tomatenmark, Paprikapulver, Crème double, Cognac, Salz und Cayennepfeffer ab und träufle ihn vor dem Servieren über den Fenchel.

Rehragout aus den Vogesen mit Pfifferlingen und Kartoffelpüree

Für 4 Personen:

Für das Gehackte
3 Schalotten
3 Wacholderbeeren
¼ Sellerieknolle
1 Karotte
200 g Pfifferlinge
500 g Rehgehacktes
1 Messerspitze Zimtpulver
1 Messerspitze Nelkenpulver
1 Prise Paprika, edelsüß
Meersalz, Pfeffer
1 Glas trockener Weißwein
200 g Sahne
1 kleines Bund Petersilie

Für das Püree
600 g mehlig kochende Kartoffeln
Salz
250 g Sahne
120 g Butter
frisch geriebene Muskatnuss
Pfeffer

Für die Zwiebelbutter
4 EL Butter
2 Zwiebeln

1. Das Kartoffelpüree zuerst zubereiten und warm stellen, bis das Gehackte fertig ist: Die Kartoffeln schälen und vierteln. In reichlich Salzwasser weich kochen, durch die Kartoffelpresse drücken. Sahne und Butter in einem Topf erhitzen und unter die Kartoffeln heben. Mit Salz, wenig Muskat und Pfeffer abschmecken und warm stellen.
2. Für die Zwiebelbutter die Butter in einem Topf zerlassen. Die Zwiebeln abziehen und in Ringe schneiden, in der Butter 20 Minuten bei kleiner Hitze schmoren lassen, bis sie goldbraun sind.
3. Für das Gehackte die Schalotten abziehen und fein hacken, Wacholderbeeren leicht zerdrücken. Sellerie und Karotte schälen und in kleine Würfel schneiden. Die Pfifferlinge säubern, große Pilze halbieren oder vierteln.
4. Die Schalotten anschwitzen, das Gehackte mit dem vorbereiteten Gemüse, den Pfifferlingen und den Gewürzen dazugeben. Alles unter häufigem Umwenden 5 Minuten gut durchbraten.
5. Mit Weißwein ablöschen, die Sahne zugießen und etwas einkochen lassen. Die Petersilie waschen, trocken tupfen und fein hacken. Das Hackfleischgericht mit Salz und Pfeffer abschmecken und die Petersilie unterrühren.
6. Zum Servieren je eine Portion Kartoffelpüree in tiefe Portionsteller setzen, mit Zwiebeln krönen und das Gehackte daneben anrichten.

Tipp
Wenn Sie keine Pfifferlinge bekommen, können Sie auch in Scheiben geschnittene Steinpilze oder gemischte Waldpilze verwenden. Außerhalb der Pilzsaison greifen Sie am besten auf getrocknete Steinpilze zurück, die Sie vor der Verwendung in warmem Wasser einweichen und dann klein schneiden.

Wildschweinbraten aus dem Spessart

Für 4–6 Personen:
1,3–1,5 kg Wildschweinfleisch
(Keule oder Rücken)
1 Zwiebel
1 Karotte
1 Stück Sellerieknolle
1 Petersilienwurzel
1 Stange Lauch
50 g Butterschmalz
Salz
2 Lorbeerblätter
⅛ l Rotwein
¼ l Fleischbrühe
⅛ l Kirschsaft
80 g Sahne
1 EL Crème fraîche
Pfeffer

Für die Marinade
8 Wacholderbeeren
einige Zweige Rosmarin
2 EL Zitronensaft
4 EL Sonnenblumenöl

1. Für die Marinade die Wacholderbeeren zerdrücken und die Rosmarinnadeln abzupfen und hacken. Mit Zitronensaft und Öl mischen und das Fleisch damit bestreichen. Zugedeckt über Nacht durchziehen lassen.
2. Die Zwiebel abziehen und halbieren, Karotte, Sellerie, Petersilienwurzel und Lauch putzen und grob schneiden. Das Fleisch aus der Marinade nehmen, abtupfen und in einem Bräter im heißen Butterschmalz rundherum anbraten, wieder herausnehmen. Im Bratfett die Zwiebel und das vorbereitete Gemüse anrösten. Das Fleisch wieder zugeben und gut salzen. Lorbeerblätter zugeben und mit Rotwein ablöschen.
3. Den Bräter in den Backofen schieben und die Keule bei 160 °C (Umluft) etwa 70 Minuten (Rücken etwa 30 Minuten) braten. In der ersten Hälfte der Garzeit den Bräter mit Alufolie abdecken. Zwischendurch kontrollieren, ob noch Flüssigkeit vorhanden ist. Wenn die Flüssigkeit fast ganz verkocht ist, jeweils etwas Brühe zugießen. In der zweiten Hälfte der Garzeit den Braten mehrmals wenden und mit Flüssigkeit begießen.
4. Sobald das Fleisch gegart ist, den Braten aus dem Bräter nehmen und in Alufolie einwickeln. Im warmen Backofen ruhen lassen, bis die Sauce fertig ist (dabei die Backofentüre etwas öffnen, damit der Braten nicht zu stark nachgart).
5. Den Bratensatz mit etwas Brühe lösen und den Fond durch ein feines Sieb passieren. Den Kirschsaft einrühren und die Sauce einkochen lassen. Sahne und Crème fraîche einrühren, die Sauce mit Salz und Pfeffer abschmecken.
6. Das Fleisch in Scheiben schneiden und auf einer vorgewärmten Platte servieren. Die Sauce getrennt dazu reichen.

Tipp
Dazu passen Walnussspätzle (etwa ein Viertel des Mehls durch gemahlene Walnüsse ersetzen) und gedünsteter Rosenkohl.

Hirschnüsschen mit Kartoffelschnee und Karamelläpfeln

Für 4 Personen:
8 Hirschmedaillons
von der Keule (à 70 g)
Salz, Pfeffer
Butter
2 kleine Schalotten
50 g braune Butter
40 g Semmelbrösel
1 Bund frischer Thymian
20 g frisch geriebener
Meerrettich

Für die Beilagen
600 g Kartoffeln
200 g Sahne
150 g Butter
Salz, Pfeffer
frisch geriebene Muskatnuss
2 saure Äpfel
etwas Butter für die Äpfel

1 Zunächst die Beilagen herstellen und eventuell etwas warm halten, bis die Medaillons fertig sind. Für den Kartoffelschnee die Kartoffeln schälen und in wenig Wasser kochen. Abgießen und heiß durch eine Kartoffelpresse drücken. Die Sahne erwärmen und mit der Kartoffelmasse und der Butter verrühren. Mit Salz, Pfeffer und etwas Muskatnuss abschmecken.

2 Die Äpfel schälen, vom Kerngehäuse befreien und in dicke Spalten schneiden. Die Äpfel in etwas zerlassener Butter weich dünsten, sie dürfen aber nicht zerfallen.

3 Die Hirschmedaillons leicht klopfen. Mit Salz und Pfeffer würzen. In etwas heißer Butter auf jeder Seite 1 Minute braten. Den Backofen auf 220 °C vorheizen.

4 Die Schalotten abziehen und fein würfeln. In der braunen Butter vorsichtig weich dünsten und mit den Semmelbröseln mischen. Die Thymianblättchen abzupfen, grob hacken und zugeben.

5 Die Masse mit einem Esslöffel gleichmäßig auf die gebratenen Hirschmedaillons aufstreichen. Mit dem frisch geriebenen Meerrettich bestreuen. Die Hirschmedaillons in eine flache Ofenform setzen und im vorgeheizten Backofen etwa 1 Minute überbacken. Mit Kartoffelschnee und gedünsteten Äpfeln servieren.

Hauptspeisen | Fisch & Meeresfrüchte

Matjesfilet mit Sellerie-Bohnen-Salat

Für 4 Personen:
Für den Salat
1 Stange Staudensellerie
1 kleine rote Zwiebel
150 g dünne grüne Bohnen
Salz
1-2 EL Rotweinessig
100 ml Gemüsebrühe
½ TL Dijonsenf
3 EL Olivenöl
1 TL gehacktes Bohnenkraut
oder Majoran
Pfeffer, Zucker

Für den Matjes
150 g saure Sahne
100 g Crème fraîche
1 TL Dijonsenf
1 EL Zitronensaft
Salz
Cayennepfeffer
Zucker
4 doppelte Matjesfilets

1 Für den Salat Staudensellerie waschen, Fäden abziehen und die Stange in dünne Scheiben schneiden. Die Zwiebel abziehen, halbieren und in feine Streifen schneiden. Die Bohnen putzen, waschen und halbieren. In kochendem Salzwasser 5 Minuten blanchieren. In ein Sieb abgießen, kalt abschrecken und abtropfen lassen.

2 Für die Salatsauce Essig mit Brühe, Senf und Öl verrühren. Mit Salz, Bohnenkraut und Pfeffer würzen. Selleriescheiben, Zwiebel und Bohnen mit der Vinaigrette vermischen und mit Salz und Zucker abschmecken.

3 Die saure Sahne mit Crème fraîche und Senf verrühren. Mit Zitronensaft, Salz und je 1 Prise Cayennepfeffer und Zucker abschmecken. Die Matjesfilets trennen, waschen und trocken tupfen. Die Filets in 2 Zentimeter breite Streifen schneiden und unter die Sahnesauce mengen. Salat und Matjes auf Portionstellern arrangieren.

Tipps
~ Als Beilage dazu schmecken Kartoffelpuffer oder die Rösti von Seite 159. Wenn es schneller gehen soll: Auch frisch gekochte Salzkartoffeln passen wunderbar.
~ Ökologisch ist derzeit kein Fischprodukt gänzlich unbedenklich, und die Aquakulturen sind noch keine ganz ausgereifte Alternative. Die Bestände von drei Viertel der Speisefischarten sind überfischt. Wer ganz sicher gehen will, hält sich an Karpfen, Hering, Seelachs und Makrele. Speisefische wie Zander und Nordseegarnelen zum Beispiel sollten nur ganz selten auf den Tisch kommen. Kaufen Sie in Supermärkten und Geschäften, die Sie gut beraten und in deren Regalen nachhaltig gefangener Fisch angeboten wird. Und suchen Sie nach einem Angebot aus ökologischer Aquakultur, dann schmecken auch Saibling und Seebrasse.

Garnelenschwänze in Paprika-Salsa

Für 4 Personen:
500 g Garnelenschwänze
6 EL Oliven- oder Rapsöl
2 Knoblauchzehen
3 rote Paprikaschoten
1 Lorbeerblatt
1 Prise Fleur de Sel
(Meersalz)
schwarzer Pfeffer
Piment d'Espelette
(siehe Tipp)
½ Bund Petersilie

1 Die Schale der Garnelenschwänze sowie den schwarzen Darm entfernen, der sich an ihrer gekrümmten Außenseite befindet. Die Garnelenschwänze in einer Pfanne in etwa 2 Esslöffel Oliven- oder Rapsöl 2 Minuten anschmoren, dann zur Seite stellen.

2 Die Knoblauchzehen abziehen und fein hacken. Paprikaschoten waschen, putzen und grob raspeln. In einer Pfanne das restliche Öl erhitzen und die Paprikaraspeln, den Knoblauch und das Lorbeerblatt hinzufügen. 8 bis 10 Minuten bei geringer Hitze schmoren lassen. Falls die Salsa noch zu dick ist, etwa 50 Milliliter Wasser zugießen und so lange einkochen lassen, bis die Sauce cremig ist.

3 Für die letzten 2 Minuten Schmorzeit die Garnelenschwänze hinzufügen. Mit Salz, frisch gemahlenem Pfeffer und Piment d'Espelette abschmecken. Petersilie waschen, trocken tupfen und fein hacken. Zum Servieren über das Gericht streuen.

Tipp

Piment d'Espelette ist eine ganz milde Chilisorte, die traditionell rund um den Ort Espelette im Baskenland angebaut wird. Die ganzen Schoten werden mit Kernen getrocknet und zu einem sehr aromatischen Chilipulver mit sanfter Schärfe gemahlen.

Stockfischkrapfen mit Chili

Für 4 Personen:
350 g Stockfisch
1 Zwiebel
1 EL Öl
1-2 Eier (je nach Größe)
50 ml Milch
Salz
30 g zerlassene Butter
100 g Mehl
½ TL Backpulver
1-2 TL Chilipulver (Cayennepfeffer)
½ l Pflanzenöl zum Ausbacken (z.B. Sonnenblumenöl)

1. Den Stockfisch 24 bis 48 Stunden in Wasser einlegen, dabei alle 4 bis 6 Stunden das Wasser wechseln. Die Dauer richtet sich nach der Größe der Stücke.
2. Die Zwiebel abziehen und würfeln. Im heißen Öl glasig dünsten. Ausgedrückten Fisch und Zwiebel gemeinsam durch die feine Scheibe des Fleischwolfs drehen.
3. Eier, Milch und Salz verquirlen und zusammen mit der Butter zur Fischmasse geben. Mehl und Backpulver mischen und unter die Fischmasse kneten. Mit Chilipulver und eventuell etwas Salz abschmecken.
4. Pflanzenöl erhitzen. Vom Fischteig mit einem Eisportionierer Kugeln abstechen und im heißen Fett schwimmend ausbacken. Zum Entfetten auf Küchenpapier legen.

Tipp: Sauce tartare

Dazu passen Kartoffelpüree und eine **Sauce tartare** zum Eintunken der Bällchen. Für die Sauce folgende Zutaten gut verrühren: 3 Esslöffel Mayonnaise, 1 gewürfelte Essiggurke, 1 gewürfeltes hart gekochtes Ei, 1 Teelöffel gehackter Dill, 2 Teelöffel gehackte Kapern, 1 Esslöffel körniger Senf. Die Sauce mit Salz und Pfeffer abschmecken.

Tunfischsalat aus Sri Lanka

Für 2 Personen:
1 Dose Tunfisch im eigenen Saft (140 g)
1 Zwiebel
1 grüne Chilischote
2 mittelgroße Tomaten
1 EL Limettensaft
Salz, Pfeffer
kalt gepresstes Olivenöl
frische Kräuter
(Kerbel, Schnittlauch, Koriandergrün)

1. Den Tunfisch abgießen und zerpflücken. Die Zwiebel abziehen und in feine Streifen schneiden. Die Chilischote waschen, putzen und die Kerne entfernen. Die Schote ebenfalls in feine Streifen schneiden. Die Tomaten waschen, entkernen und in kleine Würfel schneiden.
2. Alle vorbereiteten Zutaten vermengen. Mit einer Salatsauce aus Limettensaft, Salz, Pfeffer und Olivenöl vermischen und vor dem Servieren bei Zimmertemperatur etwas durchziehen lassen.
3. Die Kräuter waschen, trocken tupfen und fein hacken. Zum Servieren über den Tunfischsalat streuen.

Tipp

Achten Sie bei Tunfisch aus der Dose darauf, dass es sich um Fisch aus kontrolliertem Fang handelt – kontrolliert durch das Earth Island Institut, das für solche Produkte das SAFE-Logo vergibt. Das Logo garantiert, dass keine Ringwadennetze oder Treibnetze beim Tunfischfang zum Einsatz kamen.

Seeteufel mit Kartoffelkruste und Safran-Kokos-Sauce

Für 4 Personen:

Für den Seeteufel
400 g küchenfertiges Seeteufelfilet
150 g Champignons
1 Schalotte
1 EL Butter
100 g Sahne
250 g Kartoffeln
150 ml Olivenöl
4 Stück Schweinenetz (ca. 8 x 8 cm)
Olivenöl zum Braten

Für die Sauce
½ Knoblauchzehe
1 Schalotte
2 große Champignons
1 EL Butter
1 Messerspitze Currypulver
15 Safranfäden
1 EL Kokosraspel
100 ml Weißwein
100 ml Fischfond
150 g Sahne
1 TL Zitronensaft
Salz, Pfeffer
1 EL geschlagene Sahne

1. Das Fischfilet in vier gleich große Medaillons schneiden. Eine Tasche in jedes Medaillon schneiden. Champignons und Schalotte putzen und fein hacken. In der heißen Butter andünsten, bis alle Flüssigkeit verdampft ist. Die Sahne hinzufügen und kochen lassen, bis ein dickes Ragout entstanden ist. Abkühlen lassen, dann in die eingeschnittenen Fischtaschen füllen.

2. Die Kartoffeln schälen und auf der groben Seite einer Reibe zerkleinern. Gut in kaltem Wasser spülen, bis die Kartoffelstärke ausgeschwemmt ist. In einem Geschirrtuch trocknen. Das Olivenöl erhitzen und die Kartoffelraspel 4 bis 5 Minuten darin garen. Abkühlen lassen.

3. Die Schweinenetzstücke auf der Arbeitsfläche ausbreiten. In die Mitte jeweils die geriebenen Kartoffeln geben, auf eine Fläche von der Größe der Medaillons. Darauf die Seeteufelstücke legen, das Netz so um die Medaillons legen, dass es fest geschlossen ist.

4. In einer beschichteten Pfanne reichlich Olivenöl erhitzen. Die Medaillons darin etwa 9 bis 10 Minuten auf der Kartoffelseite braten. Umdrehen und etwa 1 bis 2 Minuten auf der anderen Seite garen.

5. Für die Sauce Knoblauch und Schalotte abziehen und hacken. Champignons putzen und in Scheiben schneiden. Butter in einer Pfanne erhitzen. Knoblauch, Schalotte, Champignons, Curry und die Safranfäden darin etwa 2 Minuten dünsten. Kokosraspel und Weißwein zugeben und bis auf ein Drittel einkochen lassen. Den Fischfond zufügen und alles aufkochen lassen.

6. Die Sahne angießen und die Sauce so lange kochen lassen, bis sie beginnt, dick zu werden. Dann durchseihen und mit Zitronensaft, Salz und Pfeffer abschmecken. Vor dem Anrichten die geschlagene Sahne in die warme Sauce geben und mit dem Stabmixer aufschäumen.

Seeteufel-Zimt-Spieße

Für 4 Personen:
Für den Reis
200 g Basmatireis
2 TL Sonnenblumenöl
½ TL Kurkuma
400 ml Gemüsebrühe
einige Tropfen Zitronensaft
abgeriebene Schale von
½ unbehandelter Zitrone
½ TL Salz

Für den Seeteufel
1 kg Seeteufelfilet
4 lange Zimtstangen
Salz, Pfeffer
Olivenöl

1. Den Reis waschen, 2 Stunden in kaltem Wasser einweichen. Reis in einem Sieb abtropfen lassen. Etwas Sonnenblumenöl in einem Topf leicht erhitzen. Den abgetropften Reis und den Kurkuma einige Sekunden anrösten. Mit Gemüsebrühe aufgießen und zum Kochen bringen. Den Reis bei geringer Hitze etwa 15 Minuten ausquellen lassen. Den Backofen auf 160 °C vorheizen.

2. In der Zwischenzeit den Seeteufel filetieren und das Fleisch in kleine Medaillons schneiden. Diese auf die Zimtstangen stecken. Mit Salz und Pfeffer würzen. Die Fischspieße im heißen Olivenöl rundherum anbraten, bis sie etwas Farbe annehmen. Herausnehmen, auf ein mit Backpapier ausgelegtes Backblech geben und im vorgeheizten Backofen etwa 6 Minuten garen.

3. Den gegarten Reis mit einer Gabel auflockern und mit Zitronensaft, -schale und Salz würzen. Den Reis auf eine vorgewärmte Platte häufen und die Fischspieße darauf anrichten.

Tipps: Dazu passt eine cremige, gehaltvolle Safransauce oder eine leichte Zitronenschaumsauce

~ Für die **Safransauce** ⅛ Liter Fischfond auf die Hälfte einkochen lassen, 200 Gramm Sahne einrühren und etwas einkochen lassen. 1 Messerspitze Safranfäden zerbröseln und einrühren. Mit Salz, Pfeffer und Zitronensaft würzen und vor dem Servieren 1 Esslöffel eiskalte Butter unterschlagen.

~ Für die **Zitronenschaumsauce** 1 gehackte Schalotte in 1 Esslöffel Butter andünsten, mit ¼ Liter Fischfond aufgießen und auf die Hälfte einkochen lassen. Saft und abgeriebene Schale von 1 Limette und 100 Gramm Sahne einrühren und einkochen lassen. Durch ein Sieb gießen, mit Salz und Pfeffer würzen und kurz vor dem Servieren 1 Esslöffel eiskalte Butter unterschlagen. Eventuell noch die Filets von 1 Limette in die fertige Sauce einlegen.

Hauptspeisen | Fisch & Meeresfrüchte

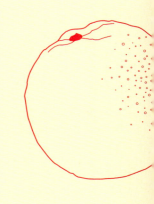

Rotbarbenfilet mit Fenchel und Orangenfilets

Für 3 Personen:
6 Rotbarbenfilets (mit Haut)
Salz, Pfeffer
1 große Fenchelknolle
1 Knoblauchzehe
2 Orangen
1 EL Sesamsamen
etwas Mehl
Olivenöl
1-2 EL Anisschnaps
(ersatzweise Brühe)

1 Rotbarbenfilets salzen und pfeffern. Den Fenchel putzen und in dünne Scheiben schneiden. Das Fenchelgrün hacken und beiseitestellen. Die Knoblauchzehe abziehen und fein hacken. Die Orangen filetieren, dabei den Saft auffangen (siehe Tipp S. 109). Die Sesamsamen in einer Pfanne ohne Fett kurz anrösten.

2 Etwas Mehl in einen tiefen Teller füllen, die Fischfilets darin wenden. Überschüssiges Mehl abklopfen. Den Fisch mit der Hautseite nach unten im heißen Olivenöl braten, bis er gar ist. Die Filets herausnehmen und warm halten.

3 Die Fenchelscheiben in wenig Öl anbraten, mit wenig Anisschnaps und dem aufgefangenen Orangensaft ablöschen. Der Fenchel muss noch Biss haben, soll aber nicht ganz roh sein. Knoblauch dazugeben und kurz mitdünsten. Den Fenchel salzen und pfeffern.

4 Den Fenchel auf einer vorgewärmten Platte mit Rand anrichten, die Fischfilets darauflegen. Mit Orangenfilets, Sesamsamen und Fenchelgrün verzieren.

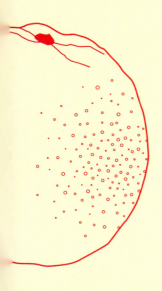

Forelle in Couscous-Kruste

Für 4 Personen:
150 g mittelfeiner Couscous
200 ml trockener Weißwein
3 Prisen Safran
Salz, schwarzer Pfeffer
4 Forellenfilets
(à 150 g; ohne Haut)
1 Ei

1. Den Couscous in eine Schüssel geben. Den Wein zum Sieden bringen und den Safran zusammen mit etwas Salz und Pfeffer unterrühren. Den heißen Wein über den Couscous gießen. Den Couscous stehen lassen, bis er die gesamte Flüssigkeit aufgenommen hat. Dann mit einer Gabel kreuz und quer hindurchfahren, um den Couscous aufzulockern. Den Backofen auf 180 °C vorheizen.
2. Die Forellenfilets mit Salz und Pfeffer würzen, durch das verquirlte Ei ziehen und anschließend im Couscous wenden. Den Couscous mit den Händen rundherum gleichmäßig andrücken (wie beim Panieren mit Semmelbröseln).
3. Ein Backblech mit Backpapier belegen. Den mit Couscous umhüllten Fisch daraufzulegen und 15 bis 20 Minuten im vorgeheizten Backofen garen.

Tipp

Frische Forellen stammen inzwischen hauptsächlich aus Fischzuchtbetrieben. Aus ökologischer Sicht können Sie sie guten Gewissens verzehren. Wenn Sie die Möglichkeit haben, dann kaufen Sie Fische aus regionaler Zucht – am besten direkt beim Züchter, so dass Sie sich selbst ein Bild machen können, unter welchen Bedingungen die Fische leben.

Forellen in Rahmsauce

Für 4 Personen:
4 küchenfertige Forellen
(à ca. 250-300 g)
1 Zitrone
Salz, Pfeffer
2 Zwiebeln
1-2 Bund Petersilie
(je nach Größe)
100 g Butter
etwa 100 g Mehl
300 g Sahne

1 Die Fische rasch kalt abwaschen und mit Küchenpapier trocken tupfen. Die Zitrone auspressen. Die Fische innen und außen mit dem Zitronensaft beträufeln und mit Salz und Pfeffer würzen.

2 Zwiebeln abziehen und fein hacken. Die Petersilie waschen und trocken tupfen. Die Blättchen abzupfen (und für die Beilage verwenden, siehe Tipp). Die Petersilienstengel hacken und zusammen mit den Zwiebeln in die Bauchhöhle der Fische füllen.

3 Den Backofen auf 200 °C vorheizen. Die Butter in einen Bräter geben, der gerade so groß ist, dass die vier Fische nebeneinander darin Platz haben. Den Bräter kurz in den Backofen stellen, bis die Butter geschmolzen ist, und wieder herausnehmen.

4 Die Fische zuerst in Mehl und dann in der flüssigen Butter wenden. Nebeneinander in den Bräter legen und in den Backofen schieben. Nach 5 Minuten die Sahne über die Fische gießen. Die Fische weitere 15 bis 20 Minuten im Backofen garen, bis sich an den Rändern eine braune Kruste bildet.

Tipps

~ Als Beilage passen dazu Petersilienkartoffeln aus mehlig kochenden Kartoffeln, die möglichst viel von der gehaltvollen Rahmsauce aufnehmen können.

~ Dieses alte Rezept aus dem bayerischen Süden eignet sich auch für andere Süßwasserfische: neben Forellen zum Beispiel auch Saiblinge, Renken oder Felchen.

Zander mit Senfkruste und Kohlrabi

Für 4 Personen:
Für den Zander
1 EL Senfkörner
2 EL Meauxsenf oder Dijonsenf
1 TL Semmelbrösel
je 1 EL fein gehackte Petersilie, Thymian, Rosmarin
1 küchenfertiger Zander (etwa 1,3 kg)
Meersalz
schwarzer Pfeffer aus der Mühle
150 g Butter
3 Schalotten oder Zwiebeln in feine Würfel geschnitten (etwa 50 g)

Für das Kohlrabigemüse
700 g Kohlrabi (2-3 Knollen)
Salz
100 g Sahne
1 EL weiche Butter
1 EL Mehl
Pfeffer
Limettensaft
1 EL Schnittlauchröllchen

1 Die Senfkörner in einen Gefrierbeutel geben und mit dem Nudelholz zerdrücken. Etwas Wasser aufkochen lassen und die Senfkörner darin 10 Minuten ziehen lassen. Den Meaux- oder Dijonsenf mit den Semmelbröseln, den Kräutern und den Senfkörnern vermengen.

2 Den Fisch kalt abspülen und trocken tupfen. Innen und außen salzen und pfeffern. Butter in einer Pfanne erhitzen, Schalotten darin glasig werden lassen. Vom Herd ziehen und die Würzmischung unterrühren.

3 Den Backofen auf 200 °C vorheizen. Den Fisch in eine lange, schmale Raine setzen (mit der Rückenflosse nach oben) und mit der Kräutermasse übergießen. Im heißen Backofen etwa 25 bis 30 Minuten garen.

4 In der Zwischenzeit die Kohlrabi schälen und in ½ Zentimeter dicke Scheiben schneiden. Diese vierteln oder achteln (wie Tortenstücke) und in wenig kochendem Salzwasser einige Minuten bissfest kochen, herausnehmen. Vom Kochsud 100 Milliliter abnehmen und mit der Sahne aufkochen.

5 Aus der weichen Butter und dem Mehl eine Mehlbutter kneten und in die kochende Sahne einrühren. 3 Minuten einkochen, dann die Kohlrabistückchen zugeben. Mit Salz, Pfeffer und etwas Limettensaft abschmecken. Zum Servieren mit Schnittlauch bestreuen.

Tipps
~ Dazu passen Salzkartoffeln oder Duftreis.
~ Es gibt auch Fischliebhaber, die auf die Kombination Fisch und Sauerkraut schwören. Probieren Sie es aus!

Loup de mer im Salzteig mit Roter Bete

Für 4 Personen:
1 kg Mehl
300 g Salz
5 EL Olivenöl
1 küchenfertiger Loup de mer
(ca. 1,5 kg)
Pfeffer
1 Bund Thymian
1 Stengel Zitronengras
etwa 500-750 g Rote Bete
(möglichst gleich große
Knollen)
2 Eigelb

1 Für den Salzteig Mehl, Salz und Olivenöl mit so viel Wasser verkneten, dass ein fester, formbarer Teig entsteht. Den Teig 1 bis 2 Stunden abgedeckt ruhen lassen.

2 Den Fisch waschen und mit Küchenpapier trocken tupfen. Innen und außen leicht pfeffern und den Bauchraum mit Thymian und Zitronengras füllen. Den Backofen auf 180 °C vorheizen. Rote Bete gründlich abbürsten und oben über Kreuz einschneiden.

3 Den Salzteig 4 bis 5 Millimeter dünn ausrollen. Die Platte muss so groß sein, dass man den Fisch damit komplett umhüllen kann. Den Fisch auf die eine Seite des Teigs legen, die Teigränder mit verquirltem Eigelb bestreichen. Die andere Hälfte des Teigs darüberklappen.

4 Den Teig um den Fisch etwas andrücken, die Teigränder mit einer Gabel fest aufeinanderdrücken. Den überflüssigen Teig mit einem Teigrädchen oder einem Messer abtrennen. Aus dem weggeschnittenen Teig nach Belieben Blüten oder Rauten ausschneiden und den eingehüllten Fisch damit verzieren. Die Teigdecke mit Eigelb bepinseln.

5 Den Fisch auf ein mit Backpapier belegtes Blech legen. Die Rote-Bete-Knollen ebenfalls auf das Blech legen.

6 Fisch und Rote Bete im vorgeheizten Backofen 40 bis 50 Minuten garen. Zur Garprobe steckt man eine Rouladennadel in die dickste Stelle des Fisches, lässt sie 2 Sekunden stecken und prüft dann an der Unterlippe, ob die Spitze heiß ist. Ist das der Fall, dann ist der Fisch komplett durchgegart und kann herausgenommen werden.

Barsch in Salzkruste

Für 4 Personen:
1 Barsch
(etwa 1 kg; ersatzweise 2 große oder 4 kleine Forellen oder Saiblinge)
1–2 kg grobes Meersalz
1 Bund Thymian
1 Bund Dill

1. Den Barsch schuppen und durch die Kiemen ausnehmen. Dazu unterhalb der Kiemen mit einem spitzen Messer einschneiden und die Innereien durch diesen Schlitz entfernen. Wenn Sie sich das nicht zutrauen, den Barsch wie gewohnt durch den Bauch ausnehmen oder vom Fischhändler ausnehmen lassen. Flossen abschneiden und die Schwanzflosse einkürzen (siehe Steps S. 150).

2. Den Fisch waschen und trocken tupfen. Die Bauchhöhle mit den Thymian- und den Dillzweigen füllen und – wenn der Fisch am Bauch aufgeschnitten wurde – mit Holzstäbchen zusammenstecken. Den Backofen auf 200 °C vorheizen.

3. Ein großes Stück Alufolie auf der Arbeitsfläche ausbreiten und etwa ein Drittel des Meersalzes in einem Oval darauf verteilen. Den Fisch daraufflegen und mit dem restlichen Salz gut einpacken. Wenn Sie mehrere Fische zubereiten, brauchen Sie für jeden Fisch ein eigenes Stück Folie und ein eigenes Salzbett.

4. Die Folie über dem Fisch zusammenschlagen, die Ränder nach oben schlagen und gut festdrücken. Das Fischpaket auf ein Backblech legen, in den vorgeheizten Backofen schieben und etwa 50 Minuten garen. Kleinere Fische brauchen nur 30 bis 40 Minuten.

5. Zum Servieren die Folie öffnen, das Salz entfernen und den Fisch filetieren. Die Filets auf vorgewärmten Tellern servieren.

Barsch in Salzkruste

1 Unterhalb der Kiemen einschneiden und die Innereien herausziehen.

2 Die Schwanzflosse nicht ganz abschneiden, nur einkürzen.

3 Das Salz rundherum gut andrücken und die Alufolie fest darüber einschlagen.

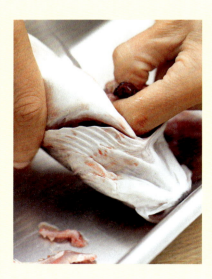

Hauptspeisen | Fisch & Meeresfrüchte

Kräuterknurrhahn mit Ratatouille

Für 4 Personen:
Für die Ratatouille
1 Aubergine
1 mittelgroße Zucchini
3 Tomaten
1 Schalotte
1 Bund Petersilie
1 Knoblauchzehe
2 EL Olivenöl
evtl. 1 kleines Glas Weißwein
Salz, Pfeffer

Für den Knurrhahn
Filets von 4 roten
Knurrhähnen (vom Fischhändler vorbereiten lassen)
12 Zweige Thymian
4 Lorbeerblätter
Salz, Pfeffer
1 EL Olivenöl

1 Für die Ratatouille das Gemüse waschen und putzen. Aubergine und Zucchini in Würfel schneiden. Die Tomaten heiß überbrühen, kalt abschrecken, häuten und in Würfel schneiden, Kerne und Inneres dabei entfernen. Die Schalotte abziehen und in kleine Streifen schneiden. Petersilie waschen, den Knoblauch abziehen und fein hacken.

2 In einer Pfanne das Olivenöl stark erhitzen. Aubergine, Zucchini und Knoblauch hineingeben und 1 bis 2 Minuten darin schwenken. Schalotten, Tomaten und Petersilie hinzufügen, weitere 1 bis 2 Minuten garen. Wenn zu wenig Flüssigkeit in der Pfanne ist, eventuell mit einem kleinen Glas Weißwein aufgießen. Mit Salz und Pfeffer würzen.

3 Die Fischfilets säubern und trocken tupfen. Mit einem sehr scharfen Messer (z.B. Tapetenmesser) oder einer scharfen spitzen Schere kleine Löcher unter die Haut schneiden. Den Thymian in Stücke zupfen, die Lorbeerblätter längs halbieren. Die Filets mit den Kräutern spicken. Mit Salz und Pfeffer würzen. In einer heißen Pfanne von beiden Seiten im Olivenöl kross braten.

4 Zum Servieren die Ratatouille in die Mitte der Portionsteller geben und die Knurrhahnfilets darauflegen.

Fischcurry aus Indien

Für 4 Personen:
800 g festes Fischfilet
(siehe Tipp)
Saft von 1 Limette
Salz
2 Zwiebeln
2 Knoblauchzehen
500 g reife Tomaten
etwa 5 cm Ingwer
1 Chilischote
(je nach gewünschter Schärfe
auch mehr)
2 EL Butterschmalz
1 TL Kreuzkümmelsamen
1 TL Koriandersamen
2 TL Kurkuma
200 g Joghurt (3,5 % Fett
oder Sahnejoghurt)
150 ml Gemüsebrühe
1 Bund Koriandergrün oder
Petersilie

1. Fischfilet waschen und trocken tupfen. In größere Stücke schneiden und mit dem Limettensaft und Salz würzen. Auf einer Platte beiseitestellen und ziehen lassen.
2. Zwiebeln und Knoblauchzehen abziehen und fein hacken. Tomaten heiß überbrühen, kalt abschrecken und häuten. Entkernen und in Würfel schneiden. Den Ingwer schälen und fein hacken. Die Chilischote entkernen und klein schneiden.
3. Das Butterschmalz in einer Schmorpfanne erhitzen. Zwiebeln, Knoblauch, Ingwer und Chili darin kräftig anbraten. Kreuzkümmel und Koriander im Mörser zerstoßen und zusammen mit dem Kurkuma zugeben. 2 Minuten unter Rühren anbraten.
4. Tomaten zugeben und kurz mitbraten. Joghurt mit Gemüsebrühe glatt rühren und zufügen. Den Würzsud aufkochen lassen, dann die Hitze reduzieren. Die Fischstücke einlegen und mit der Sauce bedecken. Zugedeckt bei geringer Hitze in etwa 5 bis 10 Minuten, je nach Größe der Stücke, gar ziehen lassen.
5. Koriandergrün oder Petersilie waschen, trocken tupfen und die Blättchen abzupfen. Zum Servieren über das Gericht streuen.

Tipps

~ Dazu passen Basmatireis und verschiedene Chutneys oder Pickles.
~ Für dieses Rezept eignen sich alle Arten von festem Fischfilet, gleich, ob vom See- oder vom Süßwasserfisch: Lachsforelle und Zander genauso wie Seebarsch oder Seelachs.

Tandoori-Lachs mit Zuckerschoten und Minze

Für 4 Personen:
4 Lachsforellen
Saft von 2 Limetten
Salz, Pfeffer
400 g Zuckerschoten
4 milde rote Chilischoten
4 Stangen Staudensellerie
2 Zwiebeln
1 Bund Minze
1 EL Tandoori Masala
(indische Gewürzmischung)
2 TL Kurkuma

1 Fisch außen und innen waschen und trocken tupfen. Mit Limettensaft beträufeln, salzen und pfeffern. Jeden Fisch in ein großes Stück Alufolie wickeln und etwa 30 Minuten in den Kühlschrank legen.

2 Inzwischen die Zuckerschoten putzen, die Enden abknipsen. In kochendem Salzwasser kurz blanchieren. Die Chilischoten waschen, entkernen und in feine Ringe schneiden. Den Sellerie putzen und fein schneiden. Die Zwiebeln abziehen und fein hacken. Die Minze waschen, trocken tupfen und klein schneiden. Den Backofen auf Grillstufe schalten.

3 Die Folie über den Fischen öffnen. Zuckerschoten, Staudensellerie, Zwiebeln und Chilischoten auf die Fische verteilen. Mit Tandoori Masala, Kurkuma und geschnittener Minze bestreuen. Die Folienstücke wieder gut verschließen.

4 Die Fischpakete auf dem Rost im Backofen etwa 7 Minuten garen. Nach 5 Minuten die Folie öffnen und kontrollieren, ob der Fisch schon gar ist. Die Garzeit richtet sich nach der Dicke der Fische.

Tipps
~ Dieses Rezept eignet sich natürlich auch gut fürs sommerliche Grillen draußen – ob daheim im Garten oder auf dem Lagerfeuer am See. Die Folienpakete können Sie zu Hause vorbereiten, in beliebiger Anzahl gut transportieren und vor Ort fertig garen.
~ Tandoori Masala bekommen Sie in Asialäden oder in gut sortierten Supermärkten. Das nordindische Wort Tandoor bezeichnet einen Tonofen, der mit Holzkohle oder Holz befeuert und zum Kochen benützt wird. Masala meint: Gewürzmischung. Tandoori Masala besteht zur Hauptsache aus Kreuzkümmel, Koriandersamen und Cayennepfeffer.

Hauptspeisen | Vegetarisches

Kartoffelpizza aus Sardinien

Für 4–6 Portionen:
300 g mehlig kochende Kartoffeln
Salz
20 g frische Hefe
1 Prise Zucker
⅛–¼ l lauwarme Milch
250 g Mehl
600 g vollreife Tomaten
1 Zwiebel
2 Knoblauchzehen
2 EL Olivenöl
je 1 Zweig frischer Thymian und Oregano
Pfeffer
200 g frischer Schafskäse
Mehl für das Blech

1 Kartoffeln waschen und mit Schale in Salzwasser garen. Während die Kartoffeln garen, die Hefe mit Zucker und etwas lauwarmer Milch verrühren und darin auflösen. Mit etwas Mehl verrühren, mit Mehl bestäuben und zugedeckt an einem warmen Ort 30 Minuten gehen lassen.

2 Die Kartoffeln noch heiß pellen und durch die Kartoffelpresse in eine Schüssel pressen. Restliches Mehl und restliche Milch dazugeben und vermischen. Hefevorteig und ½ Teelöffel Salz dazugeben und alles zu einem glatten Teig kneten. Eventuell noch etwas Milch unterkneten. Nochmals 30 Minuten an einem warmen Ort bedeckt gehen lassen.

3 Inzwischen die Tomaten überbrühen, kalt abschrecken, häuten und entkernen, das Fruchtfleisch klein hacken. Zwiebel und Knoblauchzehen abziehen und fein hacken. In einem Topf das Olivenöl erhitzen und Zwiebeln und Knoblauch darin andünsten. Die Tomaten einrühren, salzen und pfeffern. Von den Kräuterzweigen die Blättchen abstreifen und zugeben. Die Sauce bei milder Hitze einkochen lassen.

4 Den Backofen auf 200 °C vorheizen. Den Teig auf einem mit Backpapier belegten Blech ausrollen und mit den Fingern gleichmäßig Löcher in den Teig drücken. Die Tomatensauce gleichmäßig darauf verteilen, den Schafskäse darüberbröseln. Etwas Pfeffer darübermahlen.

5 Die Kartoffelpizza in den vorgeheizten Ofen schieben und in 30 Minuten knusprig braun backen.

Rösti mit Rosmarin

Für 4 Personen:
700 g fest kochende Kartoffeln
3 Zwiebeln
1 EL abgezupfte Rosmarinnadeln
Salz
100 g Butterschmalz

1. Die Kartoffeln in der Schale kochen und abkühlen lassen (am besten schon am Vortag kochen). Pellen und grob reiben. Die Zwiebeln abziehen und fein hacken. Mit den Kartoffeln und Rosmarinnadeln mischen und Salz zufügen.
2. Etwas Butterschmalz erhitzen und portionsweise mit einem großen Esslöffel kleine Häufchen der Kartoffelmischung in das Fett setzen. Flach drücken und braten, bis die Unterseite goldgelb ist. Die Rösti umdrehen und von der anderen Seite braten.
3. Die fertigen Rösti zum Entfetten auf Küchenpapier legen und auf einer Platte im Backofen warm halten.

Kartoffeln auf dem Blech mit Knoblauch

Für 4 Personen:
pro Person etwa
2 große Kartoffeln
2 Knoblauchknollen
1 Bund Rosmarin
6 EL Olivenöl
Pfeffer, grobes Meersalz

1. Die Kartoffeln schälen und in Viertel oder Achtel schneiden. Neue Kartoffeln gründlich bürsten und mit Schale vierteln. Die Knoblauchknollen in Zehen zerteilen, diese aber nicht abziehen. Rosmarin waschen, trocken tupfen und die einzelnen Zweige in Stücke zupfen. Den Backofen auf 200 °C vorheizen.
2. Ein Backblech oder eine flache Ofenform mit etwas Olivenöl auspinseln. Die Kartoffeln darauf verteilen, die Knoblauchzehen und den Rosmarin dazwischensetzen. Mit Pfeffer und grobem Salz bestreuen.
3. Kartoffeln und Knoblauch im vorgeheizten Backofen bei etwa 30 bis 45 Minuten garen. Heiß servieren.

Schwammerlgulasch

Für 4 Personen:
500 g Schwammerl (Pilze)
150 g Zwiebeln
200 g Kartoffeln
2 EL Sonnenblumen- oder Rapsöl
Paprikapulver
½ - ¾ l Brühe
Salz, Pfeffer
2 Bund frische Kräuter (z.B. Petersilie, Majoran, Schnittlauch)
2 EL Mehl
4 EL saure Sahne

1. Schwammerl putzen und grob schneiden, kleinere ganz lassen. Zwiebeln abziehen und fein hacken. Kartoffeln schälen und in kleine Würfel schneiden.
2. Das Öl in einem großen Topf erhitzen. Die Zwiebeln darin anrösten. Schwammerl, Kartoffeln und Paprikapulver dazugeben. Mit etwas Brühe aufgießen, salzen und pfeffern. Das Gulasch zugedeckt dünsten lassen. Immer wieder etwas Brühe zugießen. Die Kräuter waschen, trocken tupfen und fein hacken.
3. Sind die Schwammerl weich, mit Mehl bestäuben und verrühren. Noch einmal aufkochen lassen und mit saurer Sahne verfeinern. Das Gulasch mit Salz und Pfeffer abschmecken und kurz vor dem Servieren die gehackten Kräuter unterrühren.

Tipps

~ Am besten schmeckt das Schwammerlgulasch mit gemischten Waldpilzen, zum Beispiel Steinpilzen, Maronen, Pfifferlingen. Wenn Sie auf das Angebot im Supermarkt angewiesen sind, mischen Sie, was Sie bekommen können: Champignons, Egerlinge, eventuell Pfifferlinge und geben Sie einige getrocknete Steinpilze dazu, die Sie vorher in warmem Wasser eingeweicht haben.

~ Wer Kümmel mag, kann dieses Gericht kräftig damit würzen — es passt gut zu den Schwammerl. Stoßen Sie 1 Teelöffel Kümmelsamen im Mörser und kochen Sie sie von Anfang an im Schwammerlgulasch mit.

Hauptspeisen | Vegetarisches 161

Gefüllte Morcheln

Für 4 Personen:
pro Person 3–6 frische
Morcheln (ca. 3–7 cm Länge)
evtl. etwas heiße Milch (für
getrocknete Morcheln)
2 Semmeln vom Vortag
2 Schalotten
2 Knoblauchzehen
1 Bund glatte Petersilie
½ Bund Kerbel
¼ Chilischote
kalt gepresstes Olivenöl
oder Butter
etwa 80 g frisch geriebener
Parmesan
etwa 100 g Sahne
Meersalz, Pfeffer

1 Die Morcheln mit einem Pinsel säubern. Getrocknete Morcheln etwa 10 Minuten in heißer Milch einweichen.
2 Die Semmeln in kleine Würfel schneiden. 2 Handvoll kleine Morcheln fein schneiden. Schalotten und Knoblauch abziehen und fein hacken. Petersilie und Kerbel waschen, trocken tupfen und fein hacken, dabei dicke Stiele entfernen. Die Chilischote putzen, entkernen und fein schneiden. Den Backofen auf 200 °C vorheizen.
3 Etwas Öl oder Butter in einem Topf erhitzen. Schalotten und Knoblauch darin anbraten und die geschnittenen Morcheln hinzufügen. In einer zweiten Pfanne etwas Fett erhitzen und die Brotwürfel darin anbraten.
4 Kräuter, Chili, Parmesan und Sahne zu der Schalotten-Morchel-Mischung geben. Die Masse salzen und pfeffern und die gebratenen Semmelwürfel unterziehen.
5 Die Morcheln mit der Semmelmasse füllen und nebeneinander in eine gebutterte Auflaufform setzen. Mit Alufolie abdecken und im vorgeheizten Backofen 15 bis 20 Minuten fertig garen.

Spargel mit Sauce hollandaise

Für 4 Personen:
Für den Spargel
2 kg Spargel
Salz, Zucker
1 EL Butter

Für die Sauce
2 Schalotten
1 EL plus 200 g Butter
100 ml Weißwein
4 weiße Pfefferkörner
4 Eigelb
Salz
Cayennepfeffer
Saft von ½ Zitrone

1. Spargel kurz waschen und abtropfen lassen. Sorgfältig schälen und holzige Enden abschneiden. Schalen und Abschnitte mit etwas Salz in einem großen Topf mit 2 Liter Wasser 10 Minuten auskochen. Den Sud durch ein Sieb in einen hohen Spargeltopf schütten, zuckern und 1 Esslöffel Butter hinzufügen.
2. In der Zwischenzeit die Schalotten abziehen und fein hacken. In 1 Esslöffel Butter anschwitzen, mit Wein und gestoßenen Pfefferkörnern aufkochen. Den Wein auf die Hälfte einkochen, vom Herd nehmen und durch ein Sieb gießen. 200 Gramm Butter in einem Töpfchen schmelzen lassen, vom Herd nehmen und abkühlen lassen.
3. Den Spargelsud aufkochen, die geschälten Spargelstangen einlegen und in etwa 15 Minuten bissfest garen.
4. Während der Spargel kocht, die Sauce fertigstellen. Dafür die Eigelbe mit dem abgekühlten eingekochten Wein in eine Schüssel geben und im heißen Wasserbad zu einer dicken Creme aufschlagen. Unter ständigem Rühren die flüssige Butter in einem dünnen Strahl zugeben. Die Sauce mit Salz, Cayennepfeffer und Zitronensaft abschmecken und zum Spargel servieren.

Tipps

~ Die Garzeit der Spargelstangen richtet sich danach, wie dick und frisch sie sind. Frischer Spargel braucht weniger lang, bis er gar ist.
~ Der kritische Punkt bei der Zubereitung der Hollandaise ist das Vermischen von Eigelbcreme und flüssiger Butter. Diese sollten unbedingt die gleiche Temperatur haben, damit die Sauce nicht gerinnt.
~ Zu Spargel und Holländischer Sauce servieren Sie neue Kartoffeln.

Roter Couscous mit Wildkräutern

Für 4 Personen:
150 g Couscous
etwa 150 ml kochend heiße Gemüsebrühe
2 EL Tomatenmark
Salz, Pfeffer
1 Jungzwiebel
1 gelbe Paprikaschote
2 Tomaten
½ Gurke
1 Knoblauchzehe
1 Bund Minze
1 großes Bund gemischte Wildkräuter
(z.B. Giersch, Pimpernell, Franzosenkraut, Vogelmiere, Rauke, Brunnenkresse)
oder Gartenkräuter
(z.B. Petersilie, Dill, Kerbel, Schnittlauch)
1 TL Zitronensaft
3 EL Olivenöl
Kräuterzweige, Zitronenspalten, Tomatenachtel zum Garnieren

1 Couscous in eine Glasschüssel geben. In die kochend heiße Brühe das Tomatenmark einrühren und den Couscous damit beträufeln. Zugedeckt 10 Minuten ziehen lassen. Mit Salz und Pfeffer würzen, eventuell noch etwas Brühe zugeben.

2 Jungzwiebel waschen und in Ringe schneiden. Paprika und Tomaten waschen, entkernen und in kleine Würfel schneiden. Gurke waschen und schälen. Der Länge nach halbieren und mit einem Esslöffel die Kerne herausschaben. Die Gurke würfeln. Knoblauch abziehen und fein hacken. Kräuter waschen und ebenfalls fein hacken.

3 Gemüse und Kräuter unter die Couscous-Masse rühren. Zitronensaft mit Olivenöl, Salz und Pfeffer verrühren und unter den Couscous ziehen. Mit Kräutern, Zitronenspalten und Tomatenachteln garnieren.

Tipps
~ Der rote Couscous passt hervorragend zu Lammkoteletts oder Lammbraten.
~ Variieren Sie bei den Kräutern: Giersch eignet sich mit seinem würzigen Karotten-Petersilien-Geschmack für Salate oder Gemüse, Pimpernell hat ein zartes Nussaroma von Walnüssen, und Vogelmiere (früher ein beliebtes Hühnerfutter) schmeckt nach jungem Mais. Suchen Sie auf Bio-Märkten oder nach Bio-Höfen in ihrer Nähe, die alte Küchenkräuter kultivieren und Ihnen Saatgut zuschicken.

Gratinierter Radicchio mit Parmesan

Für 4 Personen:
8–10 Köpfe Radicchio
Salz
50 g Butter
Pfeffer
100–150 g Parmesan

1 Die äußeren Blätter des Radicchio entfernen, eventuell für einen Salat verwenden. Die Salatherzen mit einer Schaumkelle kurz in kochendes Salzwasser tauchen. Auf ein Küchentuch legen und abtropfen lassen. Den Backofen auf 180 °C vorheizen.

2 Die Radicchioherzen in einer ausgebutterten Kasserolle nebeneinanderlegen, salzen und pfeffern. Mit frisch geriebenem Parmesan bestreuen und mit Butterflöckchen belegen. Im vorgeheizten Backofen 10 bis 15 Minuten überbacken.

Tipps

~ Der überbackene Radicchio ist eine wunderbar einfache und leckere Vorspeise. Dazu esse ich am liebsten frisches Weißbrot, als Getränk passt ein leichter spritziger Weißwein.
~ Radicchio mit länglichen Blättern, wie die Sorte Trevigiano, eignet sich besonders gut zum Überbacken. Sorten mit runden Köpfen, wie Chioggia, eignen sich gut für Salate. Die Bitterkeit der klassischen Sorten wurde hier weggezüchtet.

Fenchel-Quiche mit Kräutern

Für 4 Personen:
Für den Mürbteig
200 g Mehl
1 Ei
Salz
100 g kalte Butter

Für den Belag
400 g Fenchel
Olivenöl
Salz, Pfeffer
1 Handvoll Brennnessel-spitzen
(ersatzweise Kräuter Ihrer Wahl, z.B. Kerbel)
je 1 Bund Petersilie und Thymian
3 Eier
200 g Frischkäse
1 EL Zitronensaft
Paprikapulver, edelsüß
Blüten zum Garnieren
(z.B. Kapuzinerkresse, Gänseblümchen, Borretsch-blüten, Stiefmütterchen)

1 Aus Mehl, Ei, Salz und kalter Butter rasch mit den Händen einen Mürbteig kneten. Zu einer Kugel formen und in einer Schüssel abgedeckt 30 Minuten kalt stellen.
2 Den Fenchel putzen und in feine Streifen schneiden. In etwas Olivenöl andünsten, mit Salz und Pfeffer würzen. Abkühlen lassen. Wenn Sie Brennnesseln verwenden, diese waschen, abtropfen lassen und grob hacken. Zusammen mit dem Fenchel andünsten und würzen. Wenn Sie Kerbel verwenden, diesen wie die Petersilie verarbeiten. Den Backofen auf 180 °C vorheizen.
3 Petersilie und Thymian waschen, trocken tupfen und fein hacken. Die Eier trennen. Eiweiß steif schlagen. Den Frischkäse mit Zitronensaft, Paprikapulver und Eigelben gut verrühren. Die Kräuter und den Eischnee unterheben.
4 Aus zwei Drittel des Mürbteigs eine runde Platte ausrollen und in eine Springform legen. Aus dem restlichen Drittel einen breiten Rand formen und um den Boden legen.
5 Den Fenchel mit den Brennnesseln auf dem Teig verteilen. Die Kräutermasse darübergießen und glatt streichen. Die Quiche im heißen Backofen etwa 30 Minuten backen. Heiß, lauwarm oder kalt und mit Blüten verziert servieren.

Tipp

Was exotisch klingt, ist eigentlich ganz heimisch. Es ist nur als Unkraut verkannt und als Küchenkraut in Vergessenheit geraten: Barbarakraut schmeckt würzig-scharf nach Kresse, ist sehr vitaminreich und passt zu Salat oder Kräuterquark; Bärwurz schmeckt kräftig-deftig wie Liebstöckel und ist prima zum Würzen von Käse und Suppe; Knoblauchrauke gibt Risotto und Pasta, Salat und Sandwich einen pfeffrig-knoblauchartigen Geschmack; Wiesenschaumkraut hat viel Vitamin C und gibt Salat, Frischkäse und Suppen eine leichte Schärfe.

petERSilie

MAjORAn

ROSMArin

PCA 524   60 x 40 x 12   TARE: 570 g ± 4%

Hauptspeisen | Vegetarisches

Minestrone

Für 4-6 Personen:
100 g getrocknete Bohnen
2 Kartoffeln
2 Zwiebeln
2 Knoblauchzehen
1 Fenchelknolle
2 Karotten
1 rote Paprikaschote
4 Stangen Staudensellerie
1 kleine Stange Lauch
¼ Weißkohl
4-6 EL Olivenöl
2 l kräftige Brühe
Salz, Pfeffer
2 Bund gemischte Kräuter
(z.B. Petersilie, Liebstöckel,
Dill, Schnittlauch, Thymian,
Majoran)
50 g Parmesan zum Servieren

1 Die Bohnen über Nacht in kaltem Wasser einweichen. Am nächsten Tag etwa 1 Stunde weich kochen.
2 Die Kartoffeln schälen und würfeln, Zwiebeln und Knoblauchzehen abziehen und fein hacken. Alles andere Gemüse putzen und in feine Streifen oder Würfel schneiden.
3 Das Olivenöl in einem Topf erhitzen. Zwiebeln und Knoblauch darin andünsten. Kartoffeln und Gemüse zugeben und einige Minuten unter Rühren andünsten. Brühe zugießen, salzen und pfeffern. Die Suppe etwa 30 Minuten kochen lassen. Die gegarten Bohnen untermischen und die Suppe noch einmal erhitzen.
4 Die Kräuter waschen, trocken tupfen und fein hacken. Die Suppe damit bestreuen. Den Parmesan reiben und zu der Minestrone servieren.

Tipp

Die Minestrone muss nicht alle aufgeführten Gemüsesorten enthalten. Nehmen Sie, was Sie gerade frisch zur Hand haben. In Italien gibt es wohl in jeder Familie ein anderes Rezept für die »Minestra«. Ich schaue immer drauf, dass ich mindestens eine Bohnensorte darin habe und dass die Gemüse möglichst bunt sind – das sieht einfach schöner aus. Außerdem sollten Sie milde und kräftigere Aromen mischen. Für den ganz großen Hunger kann man als Suppeneinlage noch gekochte kleine Nudeln dazugeben, etwa Rissoni, die die Form großer Reiskörner haben.

Andalusische Gemüse-Tortilla

Für 4 Personen:
1 Zwiebel
je 1 rote und grüne Paprikaschote
2 Tomaten
3 EL Olivenöl
6 Eier
2 EL Gemüsebrühe
Salz, Pfeffer

Rösten

Schmoren

1 Die Zwiebel abziehen und fein hacken. Die Paprikaschoten waschen, putzen, von Kernen und weißen Trennwänden befreien und in größere Würfel schneiden. Die Tomaten waschen, Stielansatz und Kerne entfernen. Das Fruchtfleisch in Würfel schneiden.

2 Das Olivenöl in einer beschichteten Pfanne erhitzen, Zwiebel und Gemüse darin anbraten. Unter Wenden einige Minuten bissfest braten. Die Eier mit der Gemüsebrühe verquirlen, salzen und pfeffern.

3 Die Eiermasse über das Gemüse gießen und mit aufgelegtem Deckel bei kleiner Hitze etwa 5 bis 10 Minuten stocken lassen. Die Tortilla auf eine vorgewärmte Platte stürzen und wie eine Torte in Stücke schneiden.

Tipps

~ Für viele Esser stellt man in Spanien gern sehr dicke Tortillas aus zehn Eiern und mehr her. Diese hohen Tortillas müssen dann mit Hilfe eines Tellers oder eines großen Topfdeckels gewendet werden, wenn sie auf der Unterseite hellbraun sind. In der Pfanne dann nochmal etwas Olivenöl erhitzen und die Tortilla auf der anderen Seite ebenso hellbraun braten.

~ Zusammen mit einem gemischten Salat ist die Tortilla ein kleines Abendessen oder ein leichter Mittagsimbiss.

Hauptspeisen | Vegetarisches

Frittata mit Waldschwammerl

Für 4 Personen:
300 g frisch gesammelte Waldschwammerl (Mischpilze; ersatzweise Champignons, Egerlinge, Pfifferlinge oder eine Mischung daraus)
je ½ Bund Petersilie und Basilikum
3 EL Olivenöl
6 Eier
Salz, Pfeffer

1 Die Waldschwammerl säubern und in dünne Scheiben schneiden. Die Kräuter waschen, trocken schütteln und ohne Stiele fein hacken.
2 In einer großen, beschichteten Pfanne das Öl erhitzen und die Waldschwammerl darin bei mittlerer Hitze einige Minuten braten, bis die abgegebene Flüssigkeit verdampft ist.
3 In einer Schüssel die Eier mit etwas Salz, reichlich Pfeffer und den Kräutern verquirlen. Die Eimasse über die Schwammerl gießen und die Pfanne kräftig rütteln, damit sich alles gut verteilt.
4 Bei mittlerer Hitze zunächst eine Seite stocken lassen und dann knusprig braun braten. Wenden und auch die zweite Seite braten. Zwischendurch die Pfanne immer wieder rütteln, damit nichts ansetzt.

Tipp

Was den Spaniern ihre Tortilla, ist den Italienern die Frittata – ein schnelles, nahrhaftes Gericht, das aus den gerade vorhandenen Zutaten zubereitet wird. Hauptbestandteil sind immer reichlich verquirlte Eier, die über angebratenes Gemüse oder gegarte Kartoffelwürfel gegossen werden. Diesen dicken Eierkuchen gart man dann von beiden Seiten im heißen Olivenöl.

Torta Pasqualina – Ligurische Ostertorte

Für 12 Stück:
Für den Teig
600 g Mehl
1 Prise Salz
4 EL Pflanzenöl
etwa ¼ l warmes Wasser
Mehl zum Bestäuben

Für die Füllung
1 kg frischer Blattspinat
9 Eier
100 g Parmesan
400 g Ricotta (oder Topfen)
frischer Majoran
Salz, Pfeffer
4 EL Olivenöl

1 Für den Teig das Mehl in eine Schüssel sieben. Salz, Öl und so viel warmes Wasser zugeben, dass beim Kneten ein geschmeidiger Teig entsteht. Den Teig kräftig durchkneten und in 14 gleich große Stücke teilen. Diese Stücke mit Mehl bestäuben und zugedeckt für 1 Stunde ruhen lassen.

2 Den Spinat waschen, tropfnass in einen Topf geben und kochen lassen, bis er zusammengefallen ist. Auf einem Sieb gut ausdrücken, auf ein Brett geben und fein hacken. 3 Eier verquirlen. Den Parmesan reiben.

3 Spinat, Parmesan, Ricotta, Majoran, die verquirlten Eier, Salz und Pfeffer in eine Schüssel geben, gut miteinander verrühren und abschmecken.

4 Zwei der Teigstücke zusammenkneten und dünn ausrollen. Eine Springform (Ø 26 cm) gründlich einfetten, Boden und Rand mit der Teigplatte auslegen und den Teig leicht mit Öl bepinseln. Sechs weitere Teigstücke zu runden, dünnen Platten ausrollen und nacheinander in die Form legen, dabei jede Platte mit Öl bepinseln.

5 Die Füllung auf den Teig geben und glatt streichen. Mit Hilfe eines Löffels sechs Vertiefungen in die Füllung drücken. Die restlichen Eier einzeln aufschlagen und vorsichtig in jede der Vertiefungen ein Ei gleiten lassen. Die Eier mit Salz und Pfeffer würzen und mit Parmesan bestreuen. Den Backofen auf 200 °C vorheizen.

6 Die restlichen Teigstücke ebenfalls zu runden Platten ausrollen und nacheinander auf die Füllung legen, dabei wieder jede Platte mit Öl bepinseln. Den Rand der obersten Platte seitlich gut mit dem unteren Teigrand zusammendrücken. Die Oberfläche der Pastete mit Öl bepinseln.

7 Die Torte etwa 1 Stunde im vorgeheizten Ofen backen. In der Form abkühlen lassen, herausnehmen und lauwarm oder kalt servieren.

Olio Extra Ver

Indischer gelber Linseneintopf mit Koriander und Ingwer

Für 4 Personen:
300 g gelbe Linsen
1 große Zwiebel
2 EL Pflanzenöl
(z.B. Sonnenblumenöl)
1 TL Kreuzkümmelsamen
3 Knoblauchzehen
etwa 3 cm Ingwer
2 grüne Chilischoten
1 EL Tomatenmark
1 TL Kurkuma
1 Bund Koriandergrün
Fleur de Sel (Meersalz)
1 TL Garam Masala
(indische Gewürzmischung)

1. In einem großen Topf Wasser zum Kochen bringen. Linsen waschen und im kochenden Wasser bei mittlerer Hitze etwa 30 Minuten garen.
2. Die Zwiebel abziehen und in Streifen schneiden. In einer Pfanne das Öl erhitzen und die Kreuzkümmelsamen anrösten. Die Zwiebelstreifen hinzugeben und kross anbraten.
3. Die Knoblauchzehen abziehen und klein hacken. Den Ingwer schälen und fein reiben. Die Chilis waschen und klein schneiden. Alles zusammen mit Tomatenmark und Kurkuma in die Pfanne geben und kurz schmoren lassen. Ein Viertel der Masse herausnehmen und zur Seite stellen.
4. Koriander waschen, trocken tupfen und klein schneiden. Die Linsen abgießen, dabei soll so viel Kochwasser bei den Linsen bleiben, dass sie eine breiige Konsistenz haben. Den Linsenbrei kräftig salzen, in die Pfanne geben und mit den anderen Zutaten gut mischen. Mit Garam Masala und etwa der Hälfte des Koriandergrüns abschmecken.
5. Den Linsenbrei in kleinen Schüsseln anrichten. Auf jede Portion einen Klecks der beiseitegestellten Knoblauch-Chili-Ingwer-Paste geben und mit dem restlichen Koriandergrün bestreuen.

Kichererbsenplätzchen

Für 4 Personen:
125 g getrocknete Kichererbsen
1 Lorbeerblatt
1 kleine Knoblauchzehe
40 g Zwiebel
¼ TL Kurkuma
¼ TL Piment
¼ TL gemahlener Kreuzkümmel (Cumin)
¼ TL Cayennepfeffer
½ TL Meersalz
1 EL gehackte Petersilie
1 EL Erdnussmus
1 Ei
Sesamsamen zum Panieren
Sonnenblumenöl zum Braten

1. Die Kichererbsen kalt abspülen und in ½ Liter Wasser über Nacht einweichen.
2. Am nächsten Tag das Lorbeerblatt dazugeben und die Erbsen im Einweichwasser etwa 45 Minuten weich kochen. Auf einem Sieb abtropfen lassen und das Lorbeerblatt entfernen. Die Kichererbsen im Mixer pürieren.
3. Den Knoblauch abziehen und dazupressen. Die Zwiebel abziehen, sehr fein hacken und mit allen übrigen Zutaten zu den Kichererbsen geben. Alles zu einem geschmeidigen Teig verkneten. Ist die Masse zu trocken, eventuell noch etwas Wasser dazugeben.
4. Aus der Masse pro Person drei Küchlein formen und in Sesamsamen wälzen. In einer beschichteten Pfanne etwas Öl erhitzen und die Küchlein darin von beiden Seiten goldgelb und knusprig braten.

Tipp

Die Kichererbsenplätzchen schmecken wunderbar mit einem Dip von Seite 47/48 oder mit einer Sauce aus Joghurt, Schafskäse und Knoblauch, gewürzt mit Salz, Pfeffer und gemahlenem Kreuzkümmel. Zusammen mit Dip oder Sauce kann man sie auch in aufgeschnittene, erwärmte Pita-Brote packen und sie als vegetarischen Imbiss aus der Hand genießen.

Pasta-Taschen mit Knoblauch-Auberginen-Füllung

Für 4–6 Personen:
Für den Nudelteig
180 g Hartweizengrieß
125 g Mehl
1 Prise Salz
175 ml Wasser

Für die Füllung
2 Auberginen (ca. 500 g)
1 Handvoll Pinienkerne
6 Knoblauchzehen
1 Bund Petersilie
3 TL Paprikapulver, edelsüß
Salz
2 Eiweiß

1. Die Zutaten für den Nudelteig vermischen. Den Teig so lange mit den Händen kneten, bis er glatt und elastisch ist und nicht mehr klebt. Den Teig zu einer Kugel formen und 1 Stunde unter einer darübergestülpten angewärmten Porzellanschüssel ruhen lassen.
2. Für die Füllung die Auberginen waschen, mit einer Gabel rundherum mehrmals einstechen und auf ein Blech legen. Im Backofen bei 250 °C etwa 30 bis 40 Minuten grillen, bis sich die Haut dunkel verfärbt. Die Auberginen abkühlen lassen und die Haut abziehen. Das Fruchtfleisch hacken.
3. Die Pinienkerne in einer Pfanne ohne Fett goldgelb rösten und hacken. Knoblauch abziehen und fein hacken. Petersilie waschen und fein schneiden. Auberginen mit Pinienkernen, Knoblauch, Petersilie und Paprika vermischen und salzen.
4. Den Nudelteig dünn ausrollen und in etwa 6 Zentimeter breite Streifen schneiden. Auf die Hälfte der Nudelstreifen in etwa 6 Zentimeter Abstand hintereinander je 1 Teelöffel der Füllung setzen.
5. Eiweiß leicht verquirlen und die Ränder der Nudelstreifen damit bestreichen, auch die Zwischenräume zwischen der Auberginenfüllung. Jeden Streifen mit einem Nudelblatt abdecken. Rund um die Füllung jeweils festdrücken und mit einem spitzen Messer quadratische Taschen ausschneiden.
6. Die gefüllte Pasta in siedendem Salzwasser etwa 5 Minuten ziehen lassen. Mit einem Schaumlöffel herausnehmen.

Tipp
Die Auberginen-Pasta mit zerlassener Butter und Parmesan servieren. Wenn Sie Salbei mögen, lassen Sie einige klein gezupfte Salbeiblätter in der heißen Butter ziehen.

Kärntner Kasnudeln

Für 4 Personen:
Für den Nudelteig
250 g Mehl
6–8 EL Wasser
2 EL Öl
1 Ei
Salz

Für die Füllung
1 große Kartoffel
1 Zwiebel
etwas Öl
250 g Topfen (20 % Fett)
Salz, Pfeffer
2 EL gehackter Kerbel
2 EL gehackte Minze

Außerdem
125 g zerlassene Butter

1. Für den Nudelteig Mehl, Wasser, Öl, Ei und Salz zu einem geschmeidigen Teig verarbeiten. Zu einer Kugel formen und unter einer angewärmten Porzellanschüssel etwa 30 Minuten ruhen lassen.
2. Für die Füllung die Kartoffel mit der Schale kochen, noch heiß pellen und durchpressen. Zwiebel abziehen und fein hacken. In einer Pfanne in etwas Öl anschwitzen und mit dem Topfen vermengen. Die gepresste Kartoffel dazugeben, mit Salz, Pfeffer und den gehackten Kräutern abschmecken.
3. Den Nudelteig dünn ausrollen und Kreise von etwa 6 Zentimeter Durchmesser ausstechen. Auf die Hälfte der Kreise je 1 Esslöffel von der Füllung setzen, mit den übrigen Teigkreisen bedecken und die Ränder mit einer Gabel gut andrücken. In Salzwasser etwa 15 Minuten kochen und mit zerlassener Butter servieren.

Hauptspeisen | **Vegetarisches** 179

Variante Topfen-Hirse-Füllung

200 g Hirse
1 TL Salz
500 g Topfen
je 1 TL gehackte Minze,
Kerbel, Majoran

Außerdem
125 g zerlassene Butter

1. Die Hirse sehr gut waschen und in ¾ Liter Salzwasser gerade bissfest kochen. Das dauert etwa 15 Minuten. Durch ein Sieb abgießen und gut abtropfen lassen.
2. Mit Topfen und Kräutern gut verkneten, mit Salz abschmecken. Kleine Kugeln daraus formen und diese als Füllung auf den ausgerollten Nudelteig setzen. Weitere Zubereitung wie auf Seite 178 beschrieben.

Tipp: Nussbutter
Besonders fein schmeckt **Nussbutter**: einfach gemahlene Hasel- oder Walnüsse in heißer Butter schwenken, eventuell etwas salzen. Zusätzlich serviert man geriebenen Parmesan dazu und eventuell grünen Salat oder – wie in Kärnten – Krautsalat.

Variante Topfen-Semmel-Füllung

2 Semmeln vom Vortag
1 gehackte Zwiebel
50 g Butter
etwas Milch
500 g Topfen (20 % Fett)
1 TL Salz, 1 Ei
je 1 TL gehackte Minze,
Kerbel, Majoran

Außerdem
125 g zerlassene Butter

1. Die Semmeln kleinwürfelig schneiden. Fein gehackte Zwiebel in heißer Butter glasig dünsten. Die Semmelwürfel dazugeben, beides leicht rösten.
2. So viel Milch über die Semmeln gießen, dass sie leicht angefeuchtet sind. Alle anderen Zutaten dazugeben und alles zu einem Teig gut durchkneten. Kleine Kugeln daraus formen und diese als Füllung auf den ausgerollten Nudelteig setzen. Weitere Zubereitung wie auf Seite 178 beschrieben.

Rotes Pesto mit Cashewkernen

Für 4 Personen:
8 getrocknete Tomaten
30 g Cashewkerne
50 g Parmesan
2 Knoblauchzehen
2 EL Olivenöl
Salz, Pfeffer

1 Die Tomaten grob hacken. Die Cashewkerne in einer Pfanne ohne Fett leicht anrösten. Den Parmesan reiben. Die Knoblauchzehen abziehen und klein schneiden.
2 Alle vorbereiteten Zutaten zusammen mit dem Olivenöl im Mixer fein pürieren. Mit Salz und Pfeffer abschmecken.

Tipp
Das Pesto schmeckt sehr gut auch mit getrockneten Paprikaschoten anstelle der Tomaten. Wer es gern schärfer mag, nimmt getrocknete (milde) Chilischoten.

Spinat-Pesto

Für 4 Personen:
etwa 50 g Pinienkerne
1 reife Tomate
2 Handvoll (ca. 50 g) junge Spinatblätter
3 Knoblauchzehen
100 g Parmesan
etwa 1 Tasse leichtes, kalt gepresstes Öl (Olivenöl, Rapsöl, Nussöl)
½ TL Meersalz
Pfeffer
1 Handvoll schwarze Oliven

1 Die Pinienkerne in einer Pfanne ohne Fett leicht rösten. Die Tomate waschen, entkernen, in dünne Streifen schneiden und zur Seite stellen. Spinat waschen und trocken schleudern. Die Knoblauchzehen abziehen.
2 In einem Cutter (Moulinette) Pinienkerne, Spinat und Knoblauch fein hacken. Parmesan reiben und unterrühren. Nach und nach das Öl hinzufügen, bis eine sämige Paste entstanden ist. Mit Salz und Pfeffer abschmecken.
3 Das Pesto mit Tomatenstreifen und Oliven verziert servieren. Reste davon kann man – gut mit Öl bedeckt – in einem Schraubglas 2 Wochen im Kühlschrank aufbewahren.

Parmesan-Koriander-Pesto

Für 4 Personen:
100 g Rucola
½ Bund Koriandergrün
2 Knoblauchzehen
150 g Parmesan
1 Handvoll Pinienkerne
100 ml Olivenöl, Salz

1 Rucola und Koriandergrün waschen, trocken tupfen und die harten Stiele abschneiden. Den Knoblauch abziehen, den Parmesan reiben.
2 Alle vorbereiteten Zutaten mit den Pinienkernen in den Mixer geben und fein hacken. Langsam das Öl zugeben und weitermixen, bis eine sämige Paste entstanden ist. Mit Salz abschmecken.

Kräuterpaste aus rotem Klee

Für 4 Personen:
100 g Rotkleeblüten
100-150 ml kalt gepresstes Pflanzenöl
(z.B. Sonnenblumen- oder Olivenöl)
Salz, Pfeffer
Cayennepfeffer
evtl. einige Kleeblüten zum Verzieren

1 Den Rotklee waschen, trocken tupfen und in schmale Streifen schneiden. Mit einem Zerkleinerer oder dem Mixstab pürieren. Nach und nach etwas Öl zugeben, bis eine sämige Paste entstanden ist.
2 Die Paste mit Salz, Pfeffer und Cayennepfeffer würzen. Entweder gleich servieren und mit Blüten verzieren oder in saubere Gläser füllen und aufbewahren.

Tipp
Alle Kräuterpasten lassen sich in sauberen Gläsern gekühlt einige Monate aufbewahren. Wichtig ist, dass beim Einfüllen keine Luftblasen entstehen und dass die Kräutermasse von mindestens ½ Zentimeter Öl bedeckt ist. Durch das Öl wird der Luftzutritt verhindert und mikrobielle Erreger werden am Wachstum gehindert. Verwenden Sie die Kräuterpasten als schnelle Nudelsaucen oder für Salate.

Marokkanische Bandnudeln mit roten Linsen und Spinat

Für 4 Personen:
2 kleine Zwiebeln
2 Knoblauchzehen
3 EL Olivenöl
75 g rote Linsen
150 ml Gemüsebrühe
Salz, Pfeffer
gemahlener Kreuzkümmel (Cumin)
1 TL Zimtpulver
2 EL gemahlene Mandeln
400 g frischer Blattspinat (oder 225 g TK-Spinat)
1 Bund Koriandergrün
50 g Parmesan
2 Karotten
400 g Bandnudeln

1. Zwiebeln und Knoblauch abziehen und fein hacken. 1 Esslöffel Öl in einem Topf erhitzen. Die Hälfte der Zwiebeln und des Knoblauchs darin andünsten. Die Linsen zugeben, mit Brühe ablöschen und etwa 5 Minuten leise kochen lassen. Mit Salz, Pfeffer, Kreuzkümmel und Zimt abschmecken. Die Linsen in ein Sieb abgießen, dabei die Brühe auffangen.
2. Die Brühe mit Mandeln und 1 Esslöffel Öl mit dem Pürierstab verquirlen (falls zu wenig Brühe vorhanden ist, einfach mit etwas Wasser verlängern). Restliche Zwiebeln und Knoblauch in 1 Esslöffel Öl anbraten. Spinat waschen und tropfnass (den tiefgekühlten mit 2 Esslöffel Wasser) zugeben und dünsten, bis die Blätter zusammenfallen. Mit Salz und Pfeffer würzen und warm stellen. Koriandergrün waschen und hacken. Parmesan reiben.
3. Karotten schälen, längs in Scheiben schneiden. Die Bandnudeln in reichlich Salzwasser bissfest kochen. In den letzten 5 Minuten die Karottenstreifen im Topf mitgaren. Abgießen und in einer großen vorgewärmten Schüssel mit der Mandelsauce mischen.
4. Die Nudeln mit Spinat und Linsen anrichten. Koriandergrün und Parmesan darüberstreuen.

Risotto mit Brennnesseln

Für 4 Personen:
1 großes Bund Brennnesseln
2 mittelgroße Zwiebeln
6 EL Öl
350 g Vollkornreis
1 l heißes Wasser
Salz, Pfeffer
½ l Brühe
60 g Parmesan

1. Brennnesseln waschen und grob hacken. Zwiebeln abziehen und fein hacken. Das Öl leicht erhitzen, Zwiebeln und Brennnesseln darin andünsten.
2. Den Reis zugeben und kurz anrösten. Mit heißem Wasser aufgießen, mit Salz und Pfeffer würzen. Den Risotto etwa 40 Minuten kochen lassen, dabei immer wieder mit der Brühe aufgießen.
3. Sobald die Reiskörner gar, aber noch bissfest sind, den Risotto vom Herd nehmen und in tiefe Portionsteller verteilen. Mit frisch geriebenem Parmesan bestreut servieren.

Varianten

Diesen Wildkräuterrisotto können Sie mit Ihren Lieblingskräutern immer wieder abwandeln. Allerdings sollten die Kräuter sich zum Mitkochen eignen – Basilikum etwa würde unter der langen Kochzeit leiden. Versuchen Sie es einmal mit Melde, einem seit Jahrtausenden verwendeten Wildkraut unserer Breiten. Die Melde stand – bevor der ähnlich schmeckende Spinat bekannt wurde – regelmäßig auf dem Speiseplan. Oder nehmen Sie fein streifig geschnittenen jungen Löwenzahn, seine Bitterstoffe werden durch das Kochen gemildert.

Perlgraupen-Risotto

Für 4 Personen:
150 g getrocknete Morcheln
250 g Perlgraupen
Salz
4 Frühlingszwiebeln
2 EL Butterschmalz
1 Prise Cayennepfeffer
Pfeffer
1 Gläschen Weißwein
(ersatzweise Gemüsebrühe)
2 EL geriebener Parmesan
einige Zweige Petersilie oder
Thymian zum Verzieren

1 Die Morcheln in kaltem Wasser 10 Minuten einweichen. Die Morcheln herausnehmen. Das Einweichwasser durch ein Sieb abgießen, dabei das Wasser auffangen für die Graupen. Die Morcheln in Streifen schneiden.
2 Die Perlgraupen im Einweichwasser mit etwas Salz in etwa 20 Minuten weich kochen und abgießen.
3 Die Frühlingszwiebeln waschen, putzen und klein schneiden, in Butterschmalz anschwitzen. Die Morcheln hinzufügen, mit Cayennepfeffer würzen. Salzen und pfeffern.
4 Weißwein hinzufügen, geriebenen Parmesan unterrühren. Die Graupen daruntermischen. Risotto mit Kräutern verzieren und heiß servieren.

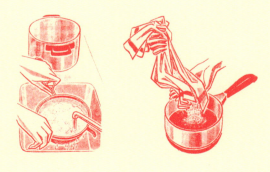

Grießauflauf mit Parmesan

Für 4 Personen:
½ l Milch
90 g Hartweizengrieß
125 g Butter
Salz, Pfeffer
6 Eier
2 EL geriebener Parmesan
Butter für die Form

1. Die Milch zum Kochen bringen. Den Hartweizengrieß einrühren und unter Rühren aufkochen lassen, bis die Masse eindickt. Den Grieß vom Herd nehmen und die Butter unterrühren. Die Masse mit Salz und Pfeffer kräftig würzen. Abkühlen lassen, bis sie nur noch lauwarm ist.
2. Den Backofen auf 180 °C vorheizen. Die Eier trennen und die Eigelbe unter die Grießmasse rühren. Eiweiß zu steifem Schnee schlagen und zusammen mit dem geriebenen Parmesan unterheben.
3. Die Grießmasse in eine gefettete Auflaufform füllen und im vorgeheizten Backofen etwa 30 Minuten backen.

Polenta mit Steinpilzen

Für 4 Personen:
Salz
einige Salbeiblätter
Butter
120 g Instant-Polenta
10 g schwarze Trüffel
1 Flocke Trüffelbutter
200 g Steinpilze
Pfeffer
2 EL gehackte Petersilie

1. ¼ Liter Wasser mit Salz, klein geschnittenen Salbeiblättern und 1 Esslöffel Butter zum Kochen bringen. Die Polenta nach und nach einrühren und etwa 5 Minuten bei geringer Hitze kochen lassen. Vom Herd nehmen und zugedeckt weitere 5 Minuten ausquellen lassen.
2. Schwarze Trüffel säubern und in die Polenta raspeln. Zusammen mit der Trüffelbutter unterziehen. Noch einmal 5 Minuten ziehen lassen. Die Polenta auf ein mit Backpapier belegtes Blech streichen und fest werden lassen. Die Steinpilze putzen und längs in Scheiben schneiden.
3. Die Polenta in Rechtecke schneiden und in der Pfanne mit etwas Butter von beiden Seiten anbraten. Die Steinpilze in Butter anbraten und mit Salz, Pfeffer und gehackter Petersilie abschmecken, zu den Polentaschnitten servieren.

Gnocchi mit Wildkräutern und Butter

Für 4 Personen:
1 kg mehlig kochende Kartoffeln
Salz
etwa 150 g Weizenmehl (Type 550)
100 g Butter
1 großes Bund Wildkräuter
Pfeffer

1 Kartoffeln mit Schale in Salzwasser weich kochen. Sofort pellen und noch heiß durch die Kartoffelpresse auf das bemehlte Nudelbrett drücken.
2 Den Kartoffelbrei leicht salzen. Nach und nach so viel Mehl unterkneten, dass ein glatter, homogener Teig entsteht.
3 Zum Formen der Gnocchi faustgroße Stücke von dem Teig abnehmen und zu fingerdicken Rollen formen. Von diesen Rollen kleine Stückchen abschneiden und mit einer Gabel flach drücken. Das dabei entstehende Muster ergibt eine rauhe Oberfläche. Dadurch haftet später die Sauce besser an den Gnocchi.
4 Die Gnocchi portionsweise in siedendes Salzwasser geben und garen, bis sie an der Oberfläche schwimmen. Mit einem Schaumlöffel herausnehmen und abtropfen lassen. Mit 1 Esslöffel Butter vermischen, in eine Schüssel geben und warm halten.
5 Die Wildkräuter waschen, trocken tupfen und hacken. In einer großen Pfanne die restliche Butter zerlassen und die Kräuter darin kurz schwenken. Die Gnocchi dazugeben, vorsichtig mischen und mit Pfeffer würzen.

Tipp

Nehmen Sie dafür die Wildkräuter, die Sie gerade auf der Wiese finden oder die Sie auf dem Markt bekommen. Wenn Sie auf den Supermarkt angewiesen sind, stellen Sie sich nach Lust und Laune entweder eine Mischung von mediterranen (z.B. Thymian, Salbei, Rosmarin, Basilikum) oder einheimischen Kräutern zusammen (z.B. Petersilie, Pimpernell, Kerbel, Schnittlauch, Estragon).

Kartoffelblech mit Borretsch

Für 8 Personen:
2,5 kg Kartoffeln
je 150 g Appenzeller
und Emmentaler Käse
4 EL Olivenöl
Salz, Pfeffer
50 g Butter
1 Bund Borretschblätter
und -blüten

1. Die Kartoffeln mit der Schale 20 Minuten kochen, abkühlen lassen. Den Käse reiben. Den Backofen auf 200 °C vorheizen.
2. Die Kartoffeln pellen und in ½ Zentimeter dicke Scheiben schneiden. Ein Backblech mit reichlich Öl einstreichen und die Kartoffeln dachziegelartig auf das Blech schichten. Die Kartoffeln salzen und pfeffern.
3. Die Käsemischung darüberstreuen. Die Butter in Flöckchen auf dem Käse verteilen. Das Blech in den vorgeheizten Backofen schieben und die Kartoffeln etwa 15 bis 20 Minuten knusprig überbacken.
4. In der Zwischenzeit den Borretsch waschen und trocken tupfen. Die Blätter fein hacken und zusammen mit den Blüten über die fertigen Kartoffeln streuen.

Tipp

Dieses Kartoffelblech eignet sich prima, um viele Leute unkompliziert satt und zufrieden zu machen. Die Kartoffeln können Sie sogar schon am Vortag kochen, dann nur noch pellen, mit Käse bestreuen und ab in den Backofen! Dazu gibt es einen großen gemischten Salat.

Hauptspeisen | Mehlspeisen

Germknödel

Für 15 Knödel
Für den Hefeteig
20 g Hefe
(Germ; ½ Würfel)
200-225 ml lauwarme Milch
500 g Mehl
60 g Zucker
Mark von 1 Vanilleschote
½ TL Salz
2 Eigelb
abgeriebene Schale von
½ unbehandelter Zitrone
70 g warme Butter

Außerdem
250 g Powidl
(festes Zwetschgenmus)
Salz
250 g zerlassene Butter zum
Glasieren
Mehl für die Arbeitsfläche

1. Die Hefe zerbröseln und in der Hälfte der lauwarmen Milch auflösen. 2 Esslöffel Mehl unterrühren. Zugedeckt etwa 15 Minuten an einem warmen Ort gehen lassen.

2. Das restliche Mehl in eine Schüssel sieben. Die zweite Hälfte der lauwarmen Milch mit Zucker, dem ausgekratzten Vanillemark, Salz, Eigelben und der Zitronenschale verrühren. Zum Mehl in die Schüssel gießen. Den gegangenen Vorteig (die Hefelösung) ebenfalls zugeben und alles zusammen zu einem geschmeidigen Teig kneten.

3. Die zimmerwarme Butter zugeben und kräftig unterkneten. Der Teig darf nicht mehr kleben. Den Teig in eine warme Schüssel legen und zugedeckt an einem warmen Ort gehen lassen, bis sich sein Volumen verdoppelt hat. Das kann bis zu 2 Stunden dauern. Ausreichendes Gehen ist unbedingt nötig, damit die Germknödel schön locker werden.

4. Den Teig kurz durchkneten und in 15 gleich große Portionen teilen. Jede Portion zu einer Kugel formen, dann mit den Fingern etwas auseinanderziehen. In die Mitte des so entstandenen Fladens 1 Esslöffel Powidl setzen. Den Teigrand wieder darüberschlagen und einen Knödel formen.

5. Die Knödel mit dem »Verschluss« nach unten auf ein bemehltes Brett setzen und, mit einem Tuch abgedeckt, zum fast doppelten Volumen aufgehen lassen. In einem großen Topf leicht gesalzenes Wasser zum Kochen bringen und die Knödel einlegen. Den Deckel schräg auflegen. Nach dem erneuten Aufkochen nur mehr ziehen lassen. Nach 10 Minuten die Knödel mit einem Kochlöffelstiel vorsichtig umdrehen und weitere 5 Minuten ziehen lassen.

6. Mit einem Schaumlöffel aus dem Wasser heben. Sofort mit einem Zahnstocher einige Male anstechen, damit die Knödel nicht so stark zusammenfallen. Die Knödel mit flüssiger Butter beträufeln und sofort servieren. Dazu passt am besten die Canarimilch von Seite 209.

Kaiserschmarren mit Mandelblättchen

Für 2 Personen:
60 g Mehl
¼ l Milch
2 Eier
1 Vanilleschote
1 TL abgeriebene
unbehandelte Zitronenschale
20 g Butter
1 Prise Salz
30 g Zucker
4 EL geröstete Mandelblättchen
2-3 EL Rumrosinen
Butter zum Ausbacken
Puderzucker zum Bestäuben

1 Mehl mit Milch glatt rühren. Eier trennen. Eigelbe, ausgekratztes Vanillemark, Zitronenschale und 20 Gramm Butter unterrühren. Eiweiß mit Salz und Zucker zu Schnee schlagen und unter die Eigelbmasse heben.
2 Die Mandelblättchen in einer trockenen Pfanne goldgelb rösten. In einer ofenfesten Pfanne Butter bei milder Hitze zerlassen. Die Hälfte des Teigs in die Pfanne geben und von einer Seite etwa 2 Minuten hell bräunen.
Die Hälfte der Rumrosinen und der Mandelblättchen auf dem Teig verteilen und nochmals in 3 Minuten goldbraun backen. Den Kaiserschmarren mit zwei Gabeln in mundgerechte Stücke zerteilen und im Backofen warm halten.
Die zweite Portion genauso backen.
3 Den Kaiserschmarren auf vorgewärmten Tellern anrichten, nach Belieben mit Puderzucker bestäuben.

Tipp

Dazu gehören klassische fruchtige Beilagen: Apfelmus oder Zwetschgenröster (Zwetschgenkompott). Aber auch der Hollerröster (S. 199) oder in etwas Orangenlikör marinierte Erdbeeren sind eine perfekte Ergänzung zum Schmarren.

Birnenpfannkuchen mit Haselnuss

Für 4 Personen:
200 g Butter
8 Eier
100 g Mehl
½ l Milch
4 EL saure Sahne
8 EL gemahlene Haselnüsse
10 EL Puderzucker
4 süße Birnen
(z.B. Gute Luise)
2 TL Zitronensaft
1 Prise Salz

1 140 Gramm Butter schmelzen und leicht bräunen lassen. Die Eier trennen. Eigelbe mit Mehl, der abgekühlten braunen Butter, Milch, saurer Sahne, Nüssen und 4 Esslöffel Puderzucker verquirlen. Den Teig 30 Minuten quellen lassen.
2 Inzwischen die Birnen schälen, halbieren und das Kerngehäuse sowie Stengel- und Blütenansätze entfernen. Die Birnen in dünne Spalten schneiden und mit dem Zitronensaft vermischen.
3 Den Backofen auf 250 °C vorheizen. Eiweiß mit Salz zu steifem Schnee schlagen und unter den Teig ziehen.
4 Aus den vorbereiteten Zutaten nun nacheinander vier Pfannkuchen backen: Dafür jeweils ein Viertel der restlichen Butter in einer ofenfesten Pfanne zerlassen. Ein Viertel des Teigs darin verstreichen und ½ Minute bei mittlerer Hitze auf dem Herd stocken lassen.
5 Die Pfanne vom Herd ziehen. Ein Viertel der Birnenspalten darauf verteilen und mit etwas Puderzucker bestäuben. Den Pfannkuchen im heißen Backofen etwa 5 bis 8 Minuten goldbraun überbacken.
6 Die fertigen Pfannkuchen mit Puderzucker bestäuben und sofort servieren.

Hollerkücherl mit Zimtzucker

Für 4 Personen:
Für den Teig
200 g Mehl
300 ml Weißwein oder Bier
2 Eier
4 EL Butter
1 Prise Zimtpulver
je 1 Prise Salz und Zucker

Außerdem
Fett zum Frittieren
50 g Zucker
½ TL Zimtpulver
12 Hollerblütendolden

1. Mehl mit Weißwein glatt rühren. Eier trennen. Eigelbe, Butter und Zimt unterrühren. Eiweiß mit Salz und Zucker steif schlagen und vorsichtig unterheben.
2. Das Fett in einer Fritteuse erhitzen. Es ist heiß genug, wenn an einem ins Fett getauchten Holzlöffelstiel kleine Blasen aufsteigen. Zucker und Zimt auf einem Teller vermischen.
3. Die Hollerblütendolden verlesen, in den Teig tauchen, etwas abtropfen lassen und im heißen Fett goldbraun ausbacken. Die Hollerkücherl auf Küchenpapier abtropfen lassen, in Zimtzucker tauchen und warm servieren.

Tipp: Hollersirup
Wenn Sie im Sommer Hollerblüten verarbeiten möchten, habe ich hier noch ein Rezept für **Hollersirup**: 2 Liter Wasser aufkochen und 40 gesäuberte Hollerdolden hineingeben. Dazu kommen 100 Gramm Zitronensäure (gibt es in der Apotheke). Diesen Ansatz über Nacht stehen lassen, am nächsten Tag abseihen und mit 3 Kilo Zucker verrühren, bis sich der Zucker gelöst hat. Der Sirup ist so etwa 2 Wochen haltbar. Für eine längere Haltbarkeit die Sirupflaschen bei 120 °C im vorgeheizten Ofen etwa 20 Minuten sterilisieren.

Tofu-Vanille-Knödel auf Hollerröster

Für 4 Personen:
Für die Tofu-Vanille-Knödel
260 g frischer, weicher Tofu
1 Ei
1 Eigelb
1 EL Maiskeimöl
Mark von ½ Vanilleschote
abgeriebene Schale von
½ unbehandelter Zitrone
Salz
200 g Dinkelbrösel
(ersatzweise Semmelbrösel)
160 ml Haselnussöl
1 EL Vanillezucker

Für den Hollerröster
200 g abgezupfte Holunderbeeren
1 Zimtstange
2 EL Honig
3 Sternanis
⅛ l Rotwein
1 EL Zitronensaft

1. Zunächst den Hollerröster zubereiten. Dafür die gewaschenen Holunderbeeren mit den übrigen Zutaten vermengen und für 1 bis 2 Stunden kühl stellen.
2. Die marinierten Holunderbeeren in einem kleinen Topf unter ständigem Rühren zum Kochen bringen, etwa 10 Minuten bei kleiner Hitze kochen lassen. Zimtstange und Sternanis herausnehmen und wegwerfen. Einige Esslöffel Beeren herausnehmen, die restliche Sauce mit einem Pürierstab mixen. Durch ein feines Sieb streichen, die abgenommenen Beeren wieder untermischen und den Hollerröster abkühlen lassen.
3. Für die Knödel den Tofu durch ein ganz feines Passiersieb drücken und mit Ei und Eigelb glatt rühren. Mit Keimöl, Vanillemark, Zitronenschale und 1 Prise Salz zu einer cremigen Masse schlagen. 80 Gramm Brösel einrühren und die Masse 30 Minuten im Kühlschrank rasten lassen.
4. Reichlich Wasser mit etwas Salz zum Sieden bringen. Aus der Tofumasse walnussgroße Kugeln abstechen, diese rund formen und im siedenden Wasser so lange ziehen lassen, bis die Knödel an die Oberfläche steigen. Das dauert etwa 12 Minuten. Knödel mit einer Schaumkelle herausnehmen und abtropfen lassen.
5. Die restlichen Brösel im Haselnussöl goldgelb rösten. Den Vanillezucker dazugeben und die Tofuknödel vorsichtig darin wälzen. Den Hollerröster zu den heißen Tofu-Vanille-Knödeln servieren.

Kartoffelnudeln in Mohnbutter

Für 4 Personen:
500 g mehlig kochende Kartoffeln
115-140 g weiche Butter
3 Eier
Salz
frisch geriebene Muskatnuss
Mehl
80 g Mohn
Puderzucker zum Bestäuben

1 Die Kartoffeln am Vortag mit der Schale kochen. Abkühlen lassen, pellen und grob raspeln.
2 75 bis 100 Gramm weiche Butter schaumig rühren und die Eier dazugeben. Alles zu einer glatten Masse rühren. Die geraspelten Kartoffeln, ½ Teelöffel Salz und etwas geriebene Muskatnuss beigeben. Mit den Händen vermengen. Nach und nach so viel Mehl unterkneten, bis ein kompakter, nicht klebender Teig entstanden ist.
3 Kartoffelteig in daumendicke Rollen formen, davon nussgroße Stückchen abschneiden. Diese mit der Hand auf bemehltem Brett zu länglichen Nudeln rollen, die in der Mitte bauchig sind und an den Enden spitz auslaufen.
4 In einem großen Topf reichlich Salzwasser aufkochen. Die Kartoffelnudeln darin etwa 4 Minuten sieden lassen, bis sie an die Oberfläche steigen. Mit einer Schaumkelle herausheben und abtropfen lassen.
5 Den Mohn mahlen. In einem Pfännchen 40 Gramm Butter zerlassen und den Mohn darin anschwitzen, bis er duftet. Die Nudeln in der Mohnbutter schwenken und mit Puderzucker bestäubt servieren.

Süßer Polenta-Auflauf

Für 4 Personen:
700 ml Milch
200 g Polenta
½ TL Safranfäden
100 g Zucker
80 g Butter
4 Eier
Butter für die Form

1. Die Milch aufkochen. Die Polenta einstreuen und die Safranfäden einrühren. Unter weiterem Rühren kochen lassen, bis die Masse dick wird. Polenta vom Herd nehmen.
2. 80 Gramm Zucker und die Butter in die heiße Polenta einrühren und die Masse zugedeckt abkühlen lassen. Den Backofen auf 170 °C vorheizen.
3. Die Eier trennen. Die Eigelbe unter die Polenta rühren. Eiweiß mit dem restlichen Zucker steif schlagen und unterziehen.
4. Eine Auflaufform ausbuttern und die Polenta einfüllen. Die Polenta glatt streichen und etwa 35 Minuten im vorgeheizten Ofen backen, bis die Ränder goldbraun werden.

Tipp

Dazu schmeckt jede süße Fruchtsauce, zum Beispiel der Hollerröster von Seite 199, die Berberitzensauce von Seite 209 oder die Zwetschgencreme von Seite 257.

Topfenauflauf mit Kirsch-Zitronengras-Spießen

Für 4 Personen:
Für den Auflauf
100 g weiche Butter
1 EL Rum
50 g Rosinen
1 Semmel vom Vortag
1 Tasse Milch
80 g Zucker
3 Eier
abgeriebene Schale von
½ unbehandelter Zitrone
3 EL Orangenblütenwasser (Apotheke)
1 Prise Salz
500 g Topfen

Für die Spieße
500 g reife dunkelrote Kirschen
4 Stengel Zitronengras
2 EL brauner Zucker
1 TL Szechuanpfeffer
2 Gläser Kirschwasser

1 Eine kleine Auflaufform buttern und zur Seite stellen. Die Rosinen in einem Schälchen mit dem Rum begießen. Die Semmel in der Milch einweichen. Den Backofen auf 175 °C vorheizen.

2 Die Zucker mit der restlichen Butter schaumig schlagen. Die Eier trennen und die Eigelbe nach und nach unterschlagen. Zitronenschale, Orangenblütenwasser und Salz einrühren. Den Topfen dazugeben und die eingeweichte Semmel gut ausdrücken. In Stücke zupfen und ebenfalls unterrühren.

3 Eiweiß zu steifem Schnee schlagen und unterheben. Die Topfenmasse in die Auflaufform füllen. Den Auflauf 20 bis 25 Minuten im vorgeheizten Ofen backen.

4 Für die Spieße die Kirschen entsteinen und auf die Zitronengrasstengel auffädeln. Mit braunem Zucker und mit Szechuanpfeffer bestreuen. Die Spieße in eine feuerfeste Form legen, mit dem Kirschwasser begießen und anzünden. Die flambierten Spieße noch warm zu dem Auflauf servieren.

Tipp
Diese Zitronengrasspieße passen hervorragend auch zu Eis. Mit fruchtigem Alkohol flambiert und warm serviert, sind sie das i-Tüpfelchen für viele schnelle Desserts.

Milirahmstrudel mit Kirschen

Für 8-12 Personen:
4 Blätter Filoteig
(à 20 x 30 cm) oder 2 Blätter
(à 40 x 60 cm)
80 g zerlassene Butter
zum Bestreichen
Butter für die Form

Für die Füllung
10 Semmeln vom Vortag
½ l Milch zum Befeuchten
1 kg Süßkirschen
250 g weiche Butter
200 g Zucker
12 Eier
abgeriebene Schale von
2 unbehandelten Zitronen
250 g saure Sahne
Mark von 1 Vanilleschote
1 Prise Salz

Zum Begießen
1 l Milch
100 g Zucker

1. Für die Füllung die Rinde der Semmeln wegschneiden. Die Semmeln in kleine Würfel schneiden und mit der warmen Milch befeuchten. Die Kirschen entsteinen.
2. Die weiche Butter mit dem Zucker schaumig rühren. Die Eier trennen, die Eigelbe unter die Buttermasse rühren. Abgeriebene Zitronenschale, saure Sahne und das ausgekratzte Mark der Vanilleschote untermischen.
3. Die befeuchteten Semmelwürfel unterrühren. Eiweiß mit Salz zu steifem Schnee schlagen und unterheben (siehe Steps S. 206). Backofen auf 200 °C vorheizen.
4. Die Filoteigblätter auf einem Küchentuch leicht überlappend nebeneinander auslegen und mit der zerlassenen Butter bestreichen (siehe Steps S. 206). Die Füllung auf dem Strudelteig verteilen und glatt streichen, dabei einige Zentimeter Rand frei lassen. Die Kirschen auf der Füllung verteilen.
5. Die Teigränder an den Seiten über die Füllung schlagen und den Strudel mit Hilfe des Küchentuchs aufrollen. Den Strudel in eine gefettete Auflaufform legen (siehe Steps S. 206). Die Enden dabei zusammenschlagen und unter den Strudel schieben.
6. Den Strudel in den vorgeheizten Backofen schieben und etwa 20 Minuten backen. Milch und Zucker verrühren und den Strudel damit begießen. Den Strudel weitere 25 bis 30 Minuten backen.

Millirahmstrudel mit Kirschen

1 Den Eischnee vorsichtig unterheben. Die Luftbläschen sollen nicht zerstört werden.

2 Die Strudelblätter gut mit flüssiger Butter einpinseln.

3 Kirschen auf der Füllung verteilen. Im Winter tiefgefrorene Früchte verwenden.

4 Vor dem Aufrollen des Strudels die Ränder seitlich über der Füllung einschlagen.

5 Den Strudel in der Fettpfanne des Backofens oder einer Raine backen.

Vargabèles – Schusterstrudel aus Ungarn

Für 6-8 Personen:
300 ml Milch
125 g Suppennudeln
4 Eier
125 g weiche Butter
200 g Zucker
abgeriebene Schale von
1 unbehandelten Zitrone
Mark von 1 Vanilleschote
500 g Topfen
600 g saure Sahne
80 g Rosinen
4 Yufka-Teigblätter
(türkisches Lebensmittel-
geschäft)
Puderzucker zum Bestäuben
Butter zum Einpinseln

1 Milch zum Kochen bringen, Nudeln einstreuen und bissfest kochen. Zur Seite stellen und zugedeckt abkühlen lassen. Die Nudeln nehmen die restliche Milch auf.

2 Die Eier trennen. Die weiche Butter mit Zucker, Eigelben und Zitronenschale schaumig rühren. Ausgekratztes Mark der Vanilleschote, Topfen, saure Sahne und Rosinen unterrühren. Abgekühlte Nudeln und steif geschlagenes Eiweiß unterziehen.

3 Etwas Butter in einem Töpfchen zerlassen. Eine Raine oder längliche Auflaufform gut damit auspinseln und mit 2 Teigblättern auslegen. Die Teigblätter sind größer als die Form, deshalb die Blätter dabei falten und zwischen den Lagen mit Butter bepinseln. Die Hälfte der Topfenmasse daraufstreichen. Wieder ein Strudelblatt einlegen, falten und zwischen den Lagen mit Butter bepinseln. Die zweite Hälfte der Topfenmasse darauf verteilen. Mit dem vierten Strudelblatt abdecken. Nochmals kräftig mit Butter bestreichen.

4 Den Strudel in den Backofen schieben und auf 140 °C (Umluft) schalten. In etwa 45 Minuten goldgelb und knusprig backen. Mit Puderzucker bestäuben. Dazu passt auch die Canarimilch von Seite 209.

Topfenpalatschinken mit Berberitzensauce

Für 6 Personen:
Für die Palatschinken
200 g Mehl
2 Eier
400–450 ml Milch
(je nach Eigröße mehr
oder weniger)
Salz
Butter oder Butterschmalz
zum Backen

Für die Füllung
500 g Topfen
2 Eigelb
abgeriebene Schale von
1 unbehandelten Zitrone
3 EL Crème fraîche
1 EL Puderzucker
Butter für die Form
etwa ⅛ l Milch zum
Überbacken

Für die Berberitzensauce
1 l Bio-Rote-Bete-Saft
150 g Berberitzen
1 Zimtstange
1 EL Zucker

1 Das Mehl mit den Eiern, der Milch und dem Salz zu einem flüssigen Pfannkuchenteig rühren. Den Teig etwa 15 Minuten quellen lassen. Aus dem Teig in der heißen Butter zwölf dünne Pfannkuchen (Palatschinken) backen und warm halten. Den Backofen auf 200 °C vorheizen.

2 Für die Füllung Topfen mit Eigelben, Zitronenschale, Crème fraîche und Puderzucker gut verrühren. Die Palatschinken mit der Topfenmasse bestreichen, einrollen und nebeneinander in eine gebutterte Auflaufform legen. Die Milch anwärmen, neben die Palatschinken in die Form gießen. Die Topfenpalatschinken etwa 20 Minuten im heißen Ofen überbacken.

3 In der Zwischenzeit den Rote-Bete-Saft zusammen mit den Berberitzen, der Zimtstange und dem Zucker aufkochen. Die Sauce unter häufigem Umrühren so lange einkochen lassen, bis sie dicklich wird. Die Zimtstange entfernen.

4 Zum Servieren je zwei Palatschinken auf angewärmte Teller legen und die rote Sauce rundherum träufeln.

Tipp: Canarimilch
Statt der Fruchtsauce passt zu den Topfenpalatschinken auch die in Österreich so beliebte **Canarimilch**. Sie hat diesen Namen von ihrer Farbe – kanarienvogelgelb. Die Canarimilch ist eine mit Eigelben gebundene Vanillesauce und geht so: Von ½ Liter Milch 6 bis 7 Esslöffel abnehmen und mit 3 bis 4 Eigelb und 1 gehäuften Esslöffel Stärkemehl glatt rühren. Das ausgekratzte Mark von 1 Vanilleschote und 80 Gramm Zucker unterrühren. Die restliche Milch aufkochen und unter ständigem Rühren die Eiermasse zugießen. Etwa 1 Minute leise kochen lassen. Die Sauce erkalten lassen und vor dem Servieren mit einem Schneebesen schaumig schlagen.

Nachspeisen | Süßes & Gebäck

Johannisbeerkonfitüre kalt gerührt

Für 16 Gläser à 250 g:
2,5 kg rote Johannisbeeren
1,5 kg Zucker

1 Die Johannisbeeren waschen und von den Rispen streifen. In einem großen Topf unter ständigem Rühren erhitzen, bis die gesamte Fruchtmasse durch und durch kocht. 20 Minuten kochen lassen und weiterrühren.
2 Zucker zugeben, unterrühren und die Masse erneut aufkochen lassen. Weitere 5 bis 10 Minuten unter ständigem Rühren gut kochen lassen.
3 Den Topf von der Kochstelle ziehen und die Masse so lange mit einem großen Kochlöffel rühren, bis sie vollständig erkaltet ist. In saubere Gläser füllen und mit Schraubdeckel oder Zellophan verschließen.

Tipp

Auf diese Weise eingekochte Johannisbeeren ergeben eine feste Konfitüre, die man auch sehr gut zu Wildgerichten oder kurz gebratenem Fleisch servieren kann. Sie schmeckt zu Käse als Dessert, lässt sich aber auch zum Verfeinern von Bratensaucen einsetzen, ebenso von Topfenspeisen oder Joghurt.

Hagebuttenmarmelade mit Vanille

Für 4 Gläser à 250 g:
500 g Hagebutten
(geputzt und entkernt
gewogen)
500 g Zucker
Mark von 1 Vanilleschote
1–2 EL Zitronensaft

1. Die von Stiel- und Blütenansatz und von den Kernen befreiten Hagebutten sorgfältig waschen. In ½ Liter kaltem Wasser zum Kochen aufsetzen und in 45 bis 60 Minuten weich kochen. Dabei ab und zu umrühren. Wenn das Wasser vorzeitig verkocht ist, eventuell noch wenig Wasser nachfüllen. Die gekochten Hagebutten mit dem Mixstab pürieren.
2. Das Püree mit Zucker, dem ausgekratzten Mark der Vanilleschote und dem Zitronensaft unter Rühren erhitzen, bis die gesamte Masse kocht. Unter ständigem Rühren 5 Minuten kochen lassen.
3. Die Marmelade kochend heiß in saubere Gläser füllen, mit Schraubdeckel verschließen und die Gläser umgedreht abkühlen lassen.

Tipp

Als Ersatz für das Vanillemark kann man die Hagebuttenkerne trocknen und fein mahlen. 1 bis 2 Teelöffel davon zur Marmelade geben.

Variante: Süßsaures Hagebuttenmus

Für **süßsaures Hagebuttenmus** nimmt man statt Vanille 2 Teelöffel Zimtpulver und statt Zitronensaft etwa ⅛ Liter Apfelessig. Dieses Mus schmeckt wunderbar zu Wild, zu Terrinen und Pasteten oder auch zu warmem Gemüsestrudel.

Nachspeisen | Süßes & Gebäck

Limetten-Rum-Bananen

Für 4 Personen:
50 g Butter
abgeriebene Schale und
Saft von 1 unbehandelten
Limette
4 cl Rum
50 g Zucker
¼ TL Zimtpulver
4 Bananen
Kokosflocken und Limettenschale zum Garnieren

1 Butter in einer Pfanne aufschäumen lassen. Limettenschale und -saft, Rum, Zucker und Zimt zugeben und aufkochen lassen.
2 Bananen schälen und längs und quer einmal durchschneiden. In die Pfanne zur Limettensauce geben und etwa 5 Minuten darin leise kochen lassen. Dabei immer wieder mit einem Löffel den Saft über die Bananen gießen.
3 Je vier Bananenstücke mit etwas Sauce auf Tellern anrichten. Mit leicht angerösteten Kokosflocken und fein geschnittener Limettenschale garnieren.

Tipp

Dieses Rezept schmeckt auch mit frischer Ananas köstlich. Eine große Ananas reicht dabei für sechs Personen.

Vanille-Sahne-Eis

Für 4 Personen:
6 Eigelb
150 g Zucker
½ l Milch
1 Vanilleschote
500 g Crème fraîche

1. Die Eigelbe mit der Hälfte des Zuckers in einer Schlagschüssel cremig schlagen. Die andere Hälfte des Zuckers mit der Milch, dem ausgekratzten Vanillemark und der Vanilleschote erhitzen und aufkochen lassen.
2. Die Eigelbcreme über ein Wasserbad setzen und die heiße Vanillemilch unter ständigem Rühren untermischen. So lange weiterrühren, bis die Creme dicklich wird und sich am Kochlöffel festsetzt.
3. Die Mischung durch ein feines Sieb gießen und die Crème fraîche unterrühren. Die Masse in einem kalten Wasserbad kalt rühren und in der Eismaschine gefrieren lassen.

Variante: Feines Trüffeleis

Aus dem Vanilleeis können Sie ganz einfach ein **feines Trüffeleis** machen. Lassen Sie die Vanilleschote weg und rühren Sie einfach nach der Hälfte des Rührvorgangs in der Eismaschine ½ gehobelte Trüffel und 1 Glas Trüffelwein unter. Mit den feinen Scheibchen der zweiten Trüffelhälfte die Eisportionen garnieren (siehe Foto).

Lebkuchenparfait mit Orange

Für 6 Personen:
1 unbehandelte Orange
100 g Elisenlebkuchen
100 g Zucker
4 Eigelb
2 Eier
50 g Marzipan-Rohmasse
2 TL Ceylon-Zimtpulver
3 Schnapsgläser Grand Marnier
500 g Sahne

1. Die Orangenschale mit einem Zestenreißer in feinen Streifen abschälen. Den Orangensaft auspressen. Von den Lebkuchen die Oblaten abbrechen und wegwerfen. Die Lebkuchen fein reiben oder hacken.
2. Den Zucker mit Eigelben und ganzen Eiern im heißen Wasserbad schaumig rühren. Marzipan-Rohmasse unterrühren. Orangensaft und -zesten, Zimt und Grand Marnier zugeben und verrühren.
3. Aus dem Wasserbad nehmen und die Lebkuchenbrösel unterheben. Die Masse unter gelegentlichem Umrühren vollständig erkalten lassen.
4. Die Sahne steif schlagen und unter die Eiermasse ziehen. Eine Kastenform mit Klarsichtfolie auslegen und die Parfaitmasse einfüllen. Mindestens 3 Stunden in den Gefrierschrank stellen.
5. Zum Servieren das Lebkuchenparfait etwa 15 Minuten antauen lassen. Aus der Kastenform stürzen, die Folie abziehen und das Parfait in Scheiben schneiden.

Tipp
Dazu schmeckt eine fruchtige Beigabe – etwa in Rum eingelegte Früchte, Amarenakirschen oder für den, der keinen Alkohol mag, Orangenfilets, Preiselbeerkompott oder die Zwetschgencreme von Seite 257.

Papaya-Sorbet mit Ingwer

Für 4 Personen:
1 cm Ingwer
100 ml frisch gepresster Orangensaft
300 g Zucker
etwa 300 g Papayamark (siehe Tipp)
3 EL Zitronensaft
300 ml Milch

1 Ingwer schälen und fein reiben. Zusammen mit Orangensaft und Zucker unter Rühren erwärmen, bis sich der Zucker aufgelöst hat. Zugedeckt abkühlen lassen.
2 Den Orangensaft durch ein feines Sieb gießen und mit dem Papayamark und dem Zitronensaft verrühren. Milch unterrühren und die Sorbetmasse in der Eismaschine gefrieren lassen. Wer keine Eismaschine hat, stellt die Masse für 1 Stunde in den Gefrierschrank, püriert die angefrorene Masse dann mit dem Mixstab und lässt das Sorbet noch 1 weitere Stunde gefrieren.

Tipp
Eine mittelgroße reife Papaya ergibt etwa die erforderliche Menge Mark für dieses Dessert – wenn es ein paar Gramm mehr oder weniger sind, macht das auch nichts. Die Papaya dafür schälen, entkernen und durch ein Sieb passieren. Das gleiche Rezept schmeckt auch mit Mango sehr gut. Für beide Früchte gilt aber: Sie müssen unbedingt reif sein! Billige, unreife Früchte haben kaum Aroma.

Melonencreme mit Himbeereis

Für 4 Personen:
Für die Creme
1 kleine reife Honig- oder Cavaillonmelone
2 Becher griechischer Naturjoghurt (à 200 g)
Saft von 1 Zitrone
50 g Puderzucker
2 Blatt Gelatine
150 g Sahne
1 Zweig Minze zum Garnieren

Für das Himbeereis
500 g Himbeeren
4 Eigelb
150 g Zucker
Saft von 1 Zitrone
400 g Sahne

1. Die Melone halbieren und entkernen. Mit einem Kugelausstecher 12 bis 16 Kugeln ausstechen und für die Garnitur beiseitestellen.
2. Mit einem Löffel das restliche Melonenfleisch auskratzen und fein hacken. In eine Schüssel geben und mit Joghurt, Zitronensaft und Puderzucker verrühren.
3. Die Gelatine in reichlich kaltem Wasser einweichen. Wenn sie zusammengefallen ist, gut ausdrücken, mit 2 Esslöffel Joghurtcreme in ein Töpfchen geben und bei geringer Hitze oder im Wasserbad auflösen. Dann die Gelatine unter die Melonencreme rühren.
4. Die Sahne steif schlagen und unter die Creme heben. Mindestens 1 Stunde kühl stellen.
5. Die Himbeeren verlesen, kurz abbrausen und in einem Sieb gut abtropfen lassen. Mit dem Mixstab pürieren. In einer Schüssel die Eigelbe mit Zucker und Zitronensaft zu einer dicken hellgelben Creme rühren und gut mit dem Himbeerpüree vermischen.
6. Die Sahne steif schlagen und vorsichtig unter das Himbeerpüree ziehen. Die Himbeereis-Masse in ein vorgekühltes gut verschließbares Gefäß geben. Das Himbeereis sollte etwa 5 Stunden im Gefrierschrank durchfrieren, damit es schnittfest ist.
7. Zum Servieren die Melonencreme mit dem Himbeereis in Dessertschalen anrichten und mit Melonenkugeln und einigen Minzeblättchen garnieren.

Pochierte Birnen mit Maronen-Mousse

Für 4 Personen:
Für die pochierten Birnen
4 kleine, saftige Birnen
(z.B. Forellenbirne, Gute
Luise, reife Williams Christ)
4 EL Zucker
⅛ l Weißwein

Für die Maronen-Mousse
2 Blatt Gelatine
250 g gegarte, vakuum-
verpackte Maronen
1 Vanilleschote
150–200 ml Milch
2 EL Honig
250 g Sahne

1 Für die Maronen-Mousse die Gelatine einweichen. Die gegarten Maronen zusammen mit dem ausgekratzten Vanillemark und der Vanilleschote in der Milch erhitzen und etwa 20 bis 30 Minuten kochen. Wenn die Maronen die Milch aufgesogen haben, noch etwas Milch nachgießen. Sind die Maronen ganz weich, die Vanilleschote entfernen und die Maronen samt Milch mit dem Mixstab pürieren.

2 Die eingeweichte Gelatine in dem heißen Püree auflösen, den Honig unterrühren. Das Maronenpüree zugedeckt kühl stellen. Sobald es beginnt, fest zu werden, die Sahne steif schlagen und unterziehen. Die Mousse einige Stunden oder über Nacht kalt stellen.

3 Die Birnen waschen, schälen, halbieren und das Kerngehäuse herausschneiden. Zucker mit etwa ⅛ Liter Wasser 5 Minuten bei schwacher Hitze zu Sirup kochen. Wein und Birnen hinzufügen. Die Birnen zugedeckt 5 bis 15 Minuten dünsten. Die Garzeit richtet sich danach, wie weich die Birnen sind, sie sollen bissfest gegart sein und nicht zerfallen. Die Birnen herausnehmen, etwas abkühlen lassen und auf vier Teller geben.

4 Von der Maronen-Mousse Nocken abstechen und neben den Birnen anrichten.

Tipp

Die Mousse können Sie natürlich auch mit frischen Kastanien zubereiten. Dafür die Schalen von etwa 500 Gramm Kastanien kreuzweise einschneiden. Die Kastanien etwa 30 Minuten im auf 250 °C vorgeheizten Backofen erhitzen, bis sie sich schälen lassen. Die geschälten Kastanien dann in etwa ½ Liter Milch etwa 45 Minuten kochen.

Walnuss-Mascarpone mit Mango

Für 4 Personen:
2 Eigelb
40 g Zucker
2 EL Vanillezucker
80 ml Orangensaft
1 EL abgeriebene Schale einer unbehandelten Orange
2 Blatt weiße Gelatine
100 g Walnusskerne
300 g Mascarpone
200 g Sahne
2 vollreife Mangos

1. Eigelbe, Zucker, Vanillezucker, die Hälfte des Orangensafts und die Orangenschale in eine Schlagschüssel geben und über dem Wasserbad mit einem Schneebesen dickschaumig aufschlagen.
2. Gelatine in kaltem Wasser einweichen, ausdrücken und im restlichen, erhitzten Orangensaft auflösen. Etwas Schaummasse mit der Gelatine verrühren. Gelatinemasse unter die restliche Schaummasse rühren und leicht abkühlen lassen.
3. Walnusskerne hacken. Zusammen mit Mascarpone und steif geschlagener Sahne unter die Schaummasse ziehen. Die Creme zugedeckt im Kühlschrank mindestens 2 Stunden oder über Nacht erstarren lassen.
4. Die Mangos schälen und das Fruchtfleisch in dünnen Spalten vom Stein schneiden. Die Mangospalten auf vier Tellern sternförmig anrichten.
5. Mit zwei nassen Esslöffeln Nocken von der Creme abstechen und auf den Fruchtspalten anrichten.

Tipp

Ich gebe es ja zu – ich esse auch nicht immer ökologisch korrekt. Ich liebe exotisches Obst, und eine reife Mango gehört zu den besten Früchten, die ich kenne. Aber ich kaufe keine Mango um der Mango willen. Die steinharten, unreif geernteten Früchte, die man hier meist bekommt, lasse ich liegen. Doch wenn ich irgendwo eine richtig reife, süße Mango bekomme, dann gönne ich mir die. Wenn man das selten macht, finde ich das o.k.
Statt einer reifen Mango passen zur Walnuss-Mascarpone übrigens saftige, süße Birnen. Unbehandelte Birnen können Sie mit Schale in Scheiben schneiden, dann haben Sie Vitamine und etwas Farbe auf dem Teller.

Mousse au chocolat mit Brombeersauce

Für 4 Personen:
Für die Mousse
1 Tafel Bitterschokolade
(100 g; mindestens
70% Kakao)
1 EL Milch
3 Eier
1 Päckchen Vanillezucker
100 g Sahne

Für die Brombeersauce
400 g Brombeeren
50 g Zucker
2 EL Honig
Saft von ½ Zitrone
2 EL Grand Marnier
(oder schwarzer Johannisbeersaft)

1. Für die Mousse die Schokolade im Wasserbad mit der Milch schmelzen. Die Eier trennen. Eigelbe mit dem Vanillezucker in einer Schüssel mit dem Handrührgerät aufschlagen. Die Schokolade esslöffelweise dazugeben.
2. Eiweiß und Sahne in getrennten Bechern steif schlagen und nacheinander unter die Mousse ziehen. Die Mousse im Kühlschrank etwa 6 Stunden kühlen.
3. Für die Sauce die Brombeeren kurz abspülen, Stielansätze entfernen und unreife Beeren aussortieren. Die Brombeeren mit allen weiteren Zutaten im Mixer pürieren. Wenn die Kerne stören, passieren Sie die Sauce durch ein feines Sieb.
4. Von der Mousse mit zwei Esslöffeln Nocken abstechen und auf Portionsteller setzen. Etwas Brombeersauce rundherum träufeln, den Rest separat dazu servieren.

Nachspeisen | Süßes & Gebäck 227

Schnelle Beerencreme mit Joghurt

Für 4 Personen:
4 Bananen
6 EL Honig
400 g Himbeeren
1 unbehandelte Orange
300 g Sahnejoghurt
200 g Sahne
250 g Heidelbeeren
gelbe Blüten zum Verzieren
(z.B. Stiefmütterchen,
Primeln, Schlüsselblumen,
Ringelblumen)

1 Die Bananen schälen und mit einer Gabel fein zerdrücken. Mit 5 Esslöffel Honig gut verrühren.
2 Die Hälfte der Himbeeren pürieren. Die Orangenschale mit einem Zestenreißer in feinen Streifen abziehen, die Orange auspressen. Himbeeren, Orangenzesten, Orangensaft und Joghurt unter das Bananenpüree rühren.
3 Die Sahne mit dem restlichen Honig steif schlagen und unterziehen. Die Creme in Portionsschälchen füllen und mit den restlichen Himbeeren, Heidelbeeren und Blüten verzieren.

Tipps
~ Diese sahnige Süßspeise schmeckt im Sommer schon zum Frühstück. Als kleines fruchtiges Dessert nach dem Mittag- oder Abendessen reicht es sogar für sechs Personen.
~ Die Creme schmeckt auch mit anderen Beeren, etwa Erdbeeren, aber auch mit reifen Pfirsichen. Noch gehaltvoller wird sie, wenn Sie statt Sahnejoghurt Mascarpone verwenden.

Topfengelee mit Erdbeeren

Für 4 Personen:
250 g Topfen
50 g Sahne
1 Päckchen Vanillezucker
2 EL Zucker
3 EL Zitronensaft
2 TL abgeriebene Schale einer unbehandelten Zitrone
6 Blatt Gelatine
300 g Erdbeeren
1 TL Honig
einige Stengel Zitronenmelisse

1 Topfen mit Sahne, Vanillezucker, Zucker, Zitronensaft und -schale cremig rühren. Die Gelatine in kaltem Wasser einweichen.

2 Die eingeweichte Gelatine mit 2 Esslöffel Wasser im Wasserbad auflösen. Einige Löffel der Topfencreme einrühren, dann die Gelatinemischung in die restliche Topfencreme rühren. Die Creme in Portionsförmchen füllen und einige Stunden, besser über Nacht, erstarren lassen.

3 Kurz vor dem Servieren die Erdbeeren waschen und putzen. Die Hälfte der Erdbeeren mit dem Honig im Mixer pürieren. Die andere Hälfte halbieren oder vierteln und mit dem Erdbeerpüree verrühren. Die Zitronenmelisse waschen, trocken tupfen und hacken. Zu den Erdbeeren geben.

4 Die Förmchen mit dem Topfengelee kurz in heißes Wasser tauchen, damit sich die Creme besser löst. Das Gelee auf Dessertteller stürzen und mit der Erdbeersauce umkränzen.

Tipp

Statt der Erdbeeren schmecken zum Topfengelee auch frische schwarze Johannisbeeren. Diese mit 2 Esslöffel Wasser und eventuell 1 Esslöffel Cassis kurz aufkochen, bis die Häutchen platzen. Die Johannisbeeren durch ein Sieb streichen und mit 2 Teelöffel Honig süßen.

Heidelbeerterrine mit Buttermilchschaum

Für 4 Personen:
Für die Terrine
1 Packung TK-Heidelbeeren (400 g)
⅛ l Rotwein
50 g Zucker
1 Zimtstange
1 TL Speisestärke

Für den Buttermilchschaum
250 g Buttermilch (6% Fett)
50 g Crème fraîche oder Schmand
100 ml Milch
abgeriebene Schale von 1 unbehandelten Zitrone

1 Die aufgetauten Heidelbeeren mit Rotwein, Zucker und Zimtstange zum Kochen bringen. Die Speisestärke mit 2 Esslöffel kaltem Wasser glatt rühren, in die Heidelbeeren einrühren und alles einmal aufkochen, bis die Stärke bindet und die Terrine dicklich wird. Die Zimtstange entfernen und die Terrine in Portionsgläser abfüllen. Einige Stunden kalt stellen, bis die Terrine fest geworden ist.

2 Für den Buttermilchschaum alle Zutaten mit einem Handrührgerät oder Mixstab bei höchster Stufe schaumig schlagen. Einige Löffel dieses Schaums auf jedes Dessertglas setzen und sofort servieren.

Tipp

Diese Terrine schmeckt mit allen Früchten, zu deren Süße man die angenehme Säure des Buttermilchschaums braucht. Versuchen Sie sie einmal mit Erdbeeren oder Himbeeren oder einer Mischung aus beiden. Sehr fein wird die Fruchtspeise auch, wenn man sie mit Stachelbeeren zubereitet. Dann statt Rotwein Weißwein verwenden. Wenn kein Alkohol erwünscht ist, bereitet man die Terrine mit Apfelsaft oder – bei roten Früchten – mit rotem Trauben- oder schwarzem Johannisbeersaft zu.

Rhabarberkaltschale

Für 4 Personen:
600 g Rhabarber
100 g Zucker
¼ l Orangensaft
1 Prise Salz
3 TL Speisestärke

1 Den Rhabarber abziehen und in kleine Stücke schneiden. Die Rhabarberstücke mit zwei Drittel des Zuckers und dem Orangensaft in 5 bis 10 Minuten weich kochen. Durch ein feines Sieb passieren.
2 ½ Liter Wasser mit Salz zum Kochen bringen, dann die mit wenig kaltem Wasser angerührte Stärke unter Rühren dazugeben. Das Ganze unter ständigem Rühren etwa 10 Minuten kochen lassen, bis die Stärke ausgequollen, klar und durchsichtig ist. Den Stärkebrei mit dem Rhabarbermus mischen und mit dem restlichen Zucker abschmecken.
3 Die Kaltschale in Portionsgläser füllen und einige Stunden im Kühlschrank erstarren lassen.

Tipp
Zum säuerlich-erfrischenden Rhabarber passt eine süße, aromatische Beigabe. Servieren Sie zur Kaltschale entweder geschlagene Sahne mit Vanillezucker oder mit Honig gesüßt. Oder aromatisieren Sie mit Zucker gesüßte Sahne mit etwas Zimtpulver. Zum Rhabarber passt aber auch eine feine, selbst gekochte Vanillesauce, zum Beispiel die Canarimilch von Seite 209.

Holler-Sauerkirsch-Joghurtcreme mit Cashewkrokant

Für 4 Personen:
250 g Sauerkirschen
3 EL Zucker
100 ml Kirschsaft
50 ml Rotwein
Saft von 1 Orange
abgeriebene Schale von
½ unbehandelter Orange
300 g abgezupfte
Holunderbeeren
500 g Sahnejoghurt
1 EL Agavendicksaft
(ersatzweise Honig)
Eiswürfel zum Abkühlen

Zum Verzieren
2 EL Zucker
1 Handvoll Cashewkerne

1 Für die Garnitur den Zucker schmelzen, die Cashewkerne hacken und unterheben. Rühren, bis der Zucker braun ist. Den Krokant auf Backpapier streichen, erkalten lassen und klein schneiden.
2 Für die Fruchtgrütze die Sauerkirschen waschen und entsteinen. In einem Topf den Zucker schmelzen, leicht karamellisieren lassen und mit Kirschsaft, Rotwein und Orangensaft ablöschen. Die Orangenschale unterrühren.
3 Die Holunderbeeren und die Kirschen dazugeben und aufkochen lassen. Einige Minuten einkochen lassen, bis sich die Flüssigkeit sehr stark reduziert hat. Vom Herd nehmen und abkühlen lassen. Den Joghurt mit Agavendicksaft verrühren.
4 Die Fruchtgrütze abwechselnd mit dem gesüßten Joghurt in vier Whiskygläser schichten. Unmittelbar vor dem Servieren mit dem Cashewkrokant bestreuen.

Crème brûlée – gebrannte Creme

Für 5 Personen:
5 Eigelb
50 g Puderzucker
⅛ l Milch
375 g Crème fraîche
50 g brauner Zucker

1. Den Backofen auf 150 °C vorheizen. Die Eigelbe mit dem Puderzucker zu einer cremigen Masse aufschlagen. Die Milch erhitzen und in die Eigelbcreme einrühren. Crème fraîche unterrühren.
2. Die Masse in kleine ofenfeste Portionsförmchen aus Terrakotta füllen. Die Formen im Wasserbad in den vorgeheizten Backofen stellen und 30 bis 40 Minuten garen. Aus dem Ofen nehmen, abkühlen lassen und dann in den Kühlschrank stellen. Vollständig auskühlen lassen.
3. Kurz vor dem Servieren auf jede Portion eine dünne Schicht braunen Zucker streuen. Diese mit Hilfe eines Karamellisiereisens, eines Gasbrenners oder unter dem auf höchste Stufe geschalteten Backofengrill karamellisieren lassen. Sofort servieren.

Variante: mit Trüffeln

Sehr fein schmeckt dieses klassische französische Rezept **mit Trüffeln** verfeinert. Dafür 10 Gramm Perigord-Trüffel fein reiben. Pro Person ein Streifchen zum Garnieren beiseitelegen. Die restlichen Raspel zusammen mit der Crème fraîche unter die Eigelbmasse rühren. Vor dem Servieren mit den beiseitegelegten Trüffelstreifchen garnieren.

Panna cotta mit Pistazien

Für 4 Personen:
1 EL Pistazien
2 Orangen, davon
1 unbehandelt
6 Blatt weiße Gelatine
1 Vanilleschote
100 g Zucker
500 g Sahne

1 Pistazien in einer Pfanne ohne Fett anrösten und fein mahlen. Von einer Orange die Schale fein abreiben. Gelatine in kaltem Wasser einweichen.

2 Die Vanilleschote der Länge nach aufschneiden, das Mark herauskratzen und zusammen mit der Schote, der abgeriebenen Orangenschale, Zucker und Sahne in einen Topf geben. Die Sahne langsam erhitzen und etwa 10 Minuten leise kochen lassen.

3 Die Sahne vom Herd nehmen. Die eingeweichte, leicht ausgedrückte Gelatine dazugeben und unter Rühren auflösen. Pistazien ebenfalls einrühren. Die Vanilleschote wieder entfernen.

4 Panna cotta in kalt ausgespülte Portionsförmchen geben und über Nacht im Kühlschrank erstarren lassen.

5 Zum Servieren die beiden Orangen filetieren (siehe S. 109). Die Panna cotta aus den Förmchen auf Portionsteller stürzen (dazu eventuell die Förmchen kurz in heißes Wasser tauchen). Mit Orangenfilets garniert servieren.

Rosa Kokospudding

Für 4 Personen:
20 g Agar-Agar am Stück
(etwa 20 cm)
800 ml Kokosmilch
250 g Zucker
einige Tropfen rote
Speisefarbe

Zum Servieren
exotische Früchte
(z.B. Litschi, Mango,
Ananas, Papaya)
4 EL Kokosflocken

1 Am Vortag das Agar-Agar in etwa 2 Zentimeter lange Stücke schneiden und für 12 Stunden in ½ Liter Wasser einweichen.
2 Am nächsten Tag die Kokosmilch mit dem Zucker und der Speisefarbe in einem Topf aufkochen lassen. Die Agar-Agar-Stückchen ausdrücken und dazugeben. Alles erneut aufkochen und unter ständigem Rühren bei schwacher Hitze etwa 5 Minuten leise kochen lassen.
3 Den Topf von der Kochstelle ziehen und die Masse etwa 20 Minuten abkühlen lassen. Eine flache Schüssel mit kaltem Wasser ausspülen. Die Masse hineinfüllen und im Kühlschrank mindestens 4 Stunden gelieren lassen.
4 In der Zwischenzeit die exotischen Früchte putzen und in mundgerechte Stücke schneiden. Die Kokosflocken in einer Pfanne ohne Fett hellbraun rösten.
5 Die Schüssel mit dem Kokospudding kurz in heißes Wasser tauchen. Den Pudding aus der Schüssel stürzen, in etwa 4 Zentimeter große Würfel schneiden und auf Portionstellern anrichten. Mit den Früchten garnieren und die abgekühlten Kokosflocken darüberstreuen.

Nachspeisen | Süßes & Gebäck 237

Marillen-Pistazien-Kugeln

Für 4-6 Personen:
200 g getrocknete Marillen (Aprikosen)
200 g geschälte, ungesalzene Pistazien
4 EL Kokosmilch
2 cl Marillenbrand

1 Die Marillen im Mixer fein hacken, die Pistazien in der Mandelmühle mahlen. Marillen mit der Hälfte der Pistazien, mit Kokosmilch und Marillenbrand vermischen.
2 Mit einem Kugelausstecher oder mit zwei Teelöffeln und den Händen aus der Masse kleine Kugeln formen und noch feucht in den restlichen gemahlenen Pistazien wälzen.

Tipps
~ Pistazien verlieren gemahlen sehr schnell ihre schöne Farbe. Daher eignen sich die Kugeln nicht zum Aufheben. Man sollte sie also möglichst schnell zum Espresso oder zum Kaffee servieren!
~ Wollen Sie Konfekt herstellen, das sich etwas länger hält, ersetzen Sie die Pistazien durch Kokosflocken.

Süße Gerichte

Schnee-Eier mit Himbeeren und Vanillecreme

Für 8 Personen:
etwa 350 g Zucker
2 EL Maisstärke
650 ml Milch
½ Vanilleschote
4 Eier
2 EL Kirschwasser
500 g reife Himbeeren
1 ml gereinigter Weinstein (Apotheke)
etwa ½ l Milch zum Garen der Schnee-Eier

1. 75 Gramm Zucker mit der Stärke vermischen und mit etwas Milch glatt rühren. Die restliche Milch mit der aufgeschlitzten Vanilleschote zum Kochen bringen. Die Stärke einrühren und aufkochen lassen, bis die Creme dicklich wird.
2. Die Eier trennen. Eigelbe in die Vanillecreme rühren, dann die Creme in Eiswasser stellen und kalt schlagen. Das Kirschwasser unterrühren und die Creme in den Kühlschrank stellen. Die Himbeeren säubern und von den Stielen zupfen.
3. Eiweiß mit Weinstein steif schlagen. Etwa 150 Gramm Zucker nach und nach hinzufügen und ständig weiterschlagen, bis eine glänzende, dicke Masse entstanden ist.
4. In einem Topf mit einem Durchmesser von 25 bis 30 Zentimeter die Milch und ½ Liter Wasser zum Kochen bringen. Die Flüssigkeit soll etwa 3 bis 4 Zentimeter hoch stehen. Die Hitze etwas reduzieren. Mit einem großen Esslöffel 8 große oder 16 kleine Nocken von der Eischneemasse abstechen und in die siedende Flüssigkeit legen.
5. Die Nocken von jeder Seite etwa 1 Minute garen, bis sie fest sind. Mit einem Schaumlöffel vorsichtig herausheben und trocknen lassen.
6. Zum Servieren die Vanillecreme in Portionsschüsseln anrichten, darauf je ein oder zwei Schnee-Eier legen. Mit den frischen Himbeeren umlegen und ganz zum Schluss Karamell darauf träufeln. Dafür den restlichen Zucker in einem Topf bei großer Hitze unter Rühren schmelzen lassen und warten, bis er goldbraun ist. Sofort vom Herd nehmen und mit einem Löffel über das Dessert träufeln.

Pavlova mit Erdbeeren und Passionsfrüchten

Für 8 Personen:
Für den Baiserboden
4 Eiweiß
125 g Zucker
100 g Puderzucker
15 g Speisestärke
1 TL Vanilleextrakt
1 TL Essig

Für den Belag
1 kg Sahne
2 EL Puderzucker
1 TL Vanilleextrakt
150 g Erdbeeren
5 Kiwis
1 Banane
6 Passionsfrüchte
Saft von 1 Zitrone

1. Den Backofen auf 150 °C vorheizen. Eiweiß steif schlagen, nach und nach 100 Gramm Zucker unterschlagen. Den restlichen Zucker und den Puderzucker mit dem Löffel unterrühren. Speisestärke daraufsieben und einarbeiten. Vanilleextrakt und Essig zugeben.
2. Die Baisermasse in der Form eines runden Tortenbodens auf ein mit Backpapier ausgelegtes Backblech streichen. Oberfläche und Rand mit einer Palette glätten. Den Baiser im vorgeheizten Backofen etwa 1 ½ Stunden backen. Er sollte weiß und trocken sein. Abkühlen lassen.
3. Die Sahne steif schlagen, mit Puderzucker und Vanilleextrakt würzen.
4. Die Früchte vorbereiten: Erdbeeren, Kiwis und Banane in Scheiben schneiden, Passionsfrüchte halbieren. Das Obst mit etwas Zitronensaft bestreichen, damit es die Farbe nicht verliert.
5. Kurz vor dem Servieren die Sahne auf den Baiserboden türmen und mit den Früchten dekorativ belegen. Die fertige Pavlova sollte nicht lang stehen, damit der Baiserboden nicht durchweicht.

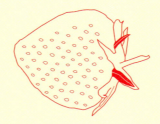

Kirschkuchen mit Zimtstreusel

Für etwa 24 Stück:
1 kg Süßkirschen
250 g weiche Butter
200 g Zucker
Salz
abgeriebene Schale von
1 unbehandelten Zitrone
6 zimmerwarme Eier
250 g Mehl
2 EL Rum oder Amaretto
(ersatzweise Milch)

Für die Streusel
100 g Butter
200 g Mehl
100 g Zucker
2 TL Zimtpulver
Puderzucker zum Bestäuben

1 Die Kirschen waschen und entsteinen. Die weiche Butter mit Zucker und Salz so lange rühren, bis sich die Zuckerkörnchen weitgehend aufgelöst haben. Abgeriebene Zitronenschale unterrühren.

2 Nach und nach die zimmerwarmen Eier darunterrühren. Das Mehl auf den Teig sieben und zusammen mit dem Rum unterrühren.

3 Den Teig auf ein mit Backpapier ausgelegtes Backblech streichen. Die Kirschen darauf verteilen. Den Backofen auf 180 °C vorheizen.

4 Für die Streusel die Butter zerlassen. Mehl, Zucker und Zimt in einer Schüssel mischen und die flüssige Butter darübergießen. Mit den Händen zu Streuseln reiben und diese auf den Kirschen verteilen.

5 Den Kuchen im vorgeheizten Backofen etwa 35 bis 40 Minuten backen. Erkaltet mit Puderzucker bestäuben und in 24 Stücke schneiden.

Tipp

Was steht auf dem Ei: 0 steht für Eier von Bio-Hennen, 1 für konventionelle Freilandhaltung, 2 für Bodenhaltung im Stall und 3 für Käfighühner. Die beiden folgenden Buchstaben stehen für das Erzeugerland (DE = Deutschland). Sie sollten also Eier mit dem Aufdruck 0-DE kaufen, dann können Sie sicher sein, dass Ihr Ei keine Farbstoffe und Medikamentenrückstände enthält und die Legehennen sommers und winters an die frische Luft kommen, sowie Tageslicht und Hähne in den Ställen haben.

Buttermilchblinsen mit Schokoladeneis und Erdbeeren

Für 6 Personen:
Für die Buttermilchblinsen
4 Eier
2 EL Zucker
1 Prise Salz
150 g Mehl
375 g Buttermilch
1 säuerlicher Apfel (Boskop)
Butterschmalz
Puderzucker zum Bestäuben

Für das Schokoladeneis
75 g Bitterschokolade
(70 % Kakaoanteil)
4 Eigelb
1-2 EL brauner Zucker
Mark von 1 Vanilleschote
1 EL Rum
250 g Sahne

Für die Erdbeeren
400 g Erdbeeren
1 EL Puderzucker
1 EL Pfefferminzlikör
2 Zweige frische Minze

1 Für das Schokoladeneis die Kuvertüre in Stückchen brechen und in einem kleinen Topf im Wasserbad schmelzen lassen. Auf Handwärme abkühlen lassen. Die Eigelbe mit dem braunen Zucker cremig schlagen. Ausgekratztes Vanillemark und Rum unterrühren. Den Topf mit der Schokomasse in Eiswasser stellen und auskühlen lassen. Sahne steif schlagen und unterheben. Für etwa 4 bis 5 Stunden im Tiefkühlgerät gefrieren lassen.

2 Für den Teig die Eier trennen, Eiweiß mit Zucker und Salz steif schlagen. Mehl und Buttermilch zu einem Teig verrühren, die Eigelbe dazugeben. Boskop schälen und auf der groben Raspel reiben, so dass das Kerngehäuse übrig bleibt. Die Raspel zusammen mit dem Eischnee unter den Teig heben.

3 Etwas Butterschmalz auf einem glatten Grill oder in einer großen Pfanne erhitzen. Mit der Schöpfkelle kleine Blinsen formen und etwa 1 bis 2 Minuten von jeder Seite so lange backen, bis sie goldbraun sind. Die Teigmenge reicht für etwa 30 Blinsen.

4 Die Erdbeeren waschen, vierteln und mit Puderzucker und Pfefferminzlikör verrühren. Mit der frischen Minze verzieren und bei Zimmertemperatur etwa 10 Minuten ziehen lassen. Blinsen mit Eis und Erdbeeren auf Portionstellern anrichten. Mit Puderzucker bestäuben.

Tipp
Den übrig gebliebenen Eiweiß können Sie für das Baiser der Pavlova (S. 241) verwenden oder für Zimtsterne (S. 263).

Apfel-Walnuss-Kuchen mit Rumguss

Für eine Kastenkuchenform
(30 cm):
150 g Walnusskerne
400 g aromatische Äpfel
(z.B. Boskop)
125 g Butter
125 g Zucker
4 Eier
Salz
1 EL Vanillezucker
1 EL Zimtpulver
250 g Mehl
2 EL Rum (oder Apfelsaft)
Butter für die Form

Für den Guss
250 g Puderzucker
3 EL Rum (oder Apfelsaft)
½ TL Zimtpulver

1 Die Walnusskerne hacken, die Äpfel schälen, vom Kerngehäuse befreien und in Scheibchen schneiden. Den Backofen auf 200 °C vorheizen.

2 Butter mit Zucker, Eiern und Salz sehr schaumig rühren. Vanillezucker und Zimt zugeben. Abwechselnd Mehl und Rum unterrühren. Die gehackten Walnusskerne und die Apfelscheibchen unterheben.

3 Den Teig in eine gebutterte Kastenkuchenform füllen, glatt streichen und im vorgeheizten Backofen etwa 1 Stunde backen. In der Form etwas abkühlen lassen, auf einem Kuchengitter erkalten lassen.

4 Für den Guss den Puderzucker mit Rum, Zimt und so viel Wasser glatt rühren, dass er zähfließend wird. Die Oberfläche des Kuchens dick mit Guss überziehen.

Tipp
Dieser Kuchen schmeckt zum Tee oder zum Kaffee. Als Dessert serviert man eine Scheibe des Kuchens mit der Zwetschgencreme von Seite 257.

Himbeer-Pfirsich-Crisp

Für 4-6 Personen:
1 Tasse Haferflocken (80 g)
½ Tasse Weizenmehl (60 g)
½ Tasse gemahlene Walnüsse (30 g)
½ Tasse brauner Zucker (90 g)
½ TL Zimtpulver
½ TL geriebener Ingwer
1 Prise Salz
½ Tasse kalte Butter in kleinen Würfeln (100 g)
500 g reife gelbe Pfirsiche
4-5 Tassen Himbeeren (ca. 400 g)
¾ Tasse Zucker (135 g)
2 TL Maisstärke
evtl. Puderzucker zum Bestäuben

1. In einer Schüssel Haferflocken, Mehl, Walnüsse, braunen Zucker, Zimt, Ingwer und Salz mischen. Die Butter dazugeben und mit den Fingern alles mischen, bis Brösel entstehen. Kalt stellen und abdecken.
2. Den Backofen auf 175 °C vorheizen. Pfirsiche kurz in kochendes Wasser tauchen. Die Haut abziehen, den Stein entfernen und das Fruchtfleisch in Würfel schneiden. In einer Schüssel mit Himbeeren, Zucker und Stärke vorsichtig mischen. Die Früchte in eine feuerfeste Form füllen und mit den Bröseln gleichmäßig bedecken.
3. Im vorgeheizten Backofen etwa 45 Minuten backen, bis die Brösel goldgelb sind und die Früchte Blasen werfen. Den Früchte-Crisp heiß oder warm servieren. Wird es lauwarm serviert, eventuell mit Puderzucker bestäuben.

Tipp

Meinen Himbeer-Pfirsich-Crisp mögen Erwachsene genauso gern wie Kinder, und man kann die Zutaten ganz einfach mit einer Kaffeetasse abmessen. Sie können ihn abwandeln mit fast allen Beeren- und Obstsorten. Er schmeckt zum Beispiel auch mit Äpfeln oder Birnen gut, mit Aprikosen oder Ananas, mit Stachelbeeren oder einer Mischung aus verschiedenen Waldbeeren. Am besten passen dazu Schlagsahne mit Vanillezucker oder Vanilleeis.

Französischer Königskuchen »Galette des rois«

Für eine Springform (Ø 28 cm):
1 Paket TK-Blätterteig (450 g)
130 g fein gemahlene geschälte Mandeln
130 g Puderzucker
130 g weiche Butter
4 Eier
1 EL Orangenblütenwasser (Apotheke)
1 EL Milch
1 kleine Porzellanfigur zum Verstecken im Teig (ersatzweise 1 ganze Mandel)
Butter und Mehl für die Form

1 Die Springform buttern und mehlieren. Den Backofen auf 210 °C vorheizen. Aus dem aufgetauten Blätterteig zwei Platten ausrollen: eine kleinere (Ø 28 cm) und eine größere (Ø 32 cm).

2 Den größeren Blätterteigkreis in die Form legen, mit einer Gabel mehrmals einstechen. Mandeln, Puderzucker und Butter mit dem Handrührgerät gut vermischen. 3 Eier leicht verquirlen und unter die Mandel-Butter-Masse schlagen. Das Orangenblütenwasser hinzufügen.

3 Die Füllung auf den Blätterteigboden streichen, dabei 2 Zentimeter Rand frei lassen. Die kleine Figur (ersatzweise die Mandel) in die Füllung drücken. Die Galette mit dem zweiten Blätterteigkreis bedecken, den Rand gut auf dem Boden festdrücken. Den Teig wieder mit Gabel einstechen. Das restliche Ei mit der Milch verquirlen und die Oberfläche damit bepinseln. Den Kuchen im vorgeheizten Backofen 40 Minuten backen und warm oder kalt servieren.

Tipp
Die »Galette des rois« gehört in Frankreich traditionell zum Dreikönigstag am 6. Januar. Wer die Figur oder die Mandel in seinem Kuchenstück findet, ist König für einen Tag: Er bekommt eine Krone aufgesetzt und darf sich etwas wünschen.

Linzer Torte

Für eine Springform
(Ø 30 cm):
400 g Mehl
400 g kalte Butter
200 g Zucker
3 Eigelb
400 g gemahlene Mandeln
1 TL Zimtpulver
abgeriebene Schale von
½ unbehandelter Zitrone
Butter für die Form
500 g Himbeer- oder
Johannisbeermarmelade
1 Ei zum Bestreichen

1 Das Mehl auf ein Backbrett sieben. Die kalte Butter in kleinen Stückchen darauf verteilen, ebenso Zucker, Eigelbe, Mandeln, Zimt und abgeriebene Zitronenschale. Mit kalten Händen daraus rasch einen Mürbteig kneten. Den Teig zu einer Kugel formen und zugedeckt 1 Stunde kalt stellen.

2 Den Backofen auf 180 °C vorheizen. Aus zwei Drittel des Teiges eine Platte ausrollen, die etwas größer ist als der Springformboden. Die Teigplatte in die gebutterte Springform legen und dabei einen kleinen Rand hochziehen. Den Teig dick mit der Himbeermarmelade bestreichen.

3 Den restlichen Teig ausrollen und mit einem Kuchenrädchen oder einem Messer in Streifen schneiden. Die Teigstreifen als Gitter auf die Marmelade legen. Den hochgezogenen Rand der Torte nach innen überklappen. Er verdeckt die Ansätze der Gitterstreifen.

4 Das Ei verquirlen und das Teiggitter und den Rand damit bestreichen. Den Kuchen im vorgeheizten Backofen etwa 35 Minuten backen.

Tipp

Die Linzer Torte schmeckt am besten, wenn sie nicht ganz frisch ist, sondern am Vortag gebacken wurde.

Feigentorte mit Granatapfelkernen

Für 4 Personen:
½ unbehandelte Limette
400 g Mascarpone
150 g Joghurt
(mind. 3,5 % Fett)
4 EL flüssiger Honig
100 g Sahne
275 g Blätterteig
(frisch aus der Kühltheke
oder TK)
1 unbehandelte Orange
2 EL Zucker
200 ml fruchtiger Rotwein
Mark von 1 Vanilleschote
1,3 kg reife blaue Feigen
1 Granatapfel
3 EL gemahlene Haselnüsse
50 g frische geschälte
Pistazien
Butter und Mehl für die Form
300 g getrocknete Hülsenfrüchte zum Blindbacken

1 Backofen auf 180 °C vorheizen. Von der Limettenhälfte mit einem Zestenreißer oder einer feinen Zitrusreibe hauchdünne Streifen der Haut abschaben. Diese mit Mascarpone, Joghurt und Honig glatt rühren. Sahne steif schlagen und unterheben. Die Masse kalt stellen.

2 Eine Springform (Ø 30 cm) buttern und mehlieren. Den aufgetauten Blätterteig zu einer runden Platte ausrollen, die etwas größer ist als die Form. Den Blätterteig in die eingefettete Backform legen. Dabei eine kleinen Rand hochziehen und glatt abschneiden. Den Boden mit der Gabel mehrmals einstechen und mit Backpapier bedecken. Darauf die Hülsenfrüchte geben. Den Boden im Backofen etwa 20 Minuten backen. Backpapier und Hülsenfrüchte entfernen und den Boden auskühlen lassen.

3 Die Orange waschen und die Schale mit dem Zestenreißer oder einer guten Zitrusreibe in feinen Streifen abziehen. Die Orange auspressen. Den Zucker in einem Topf karamellisieren. Mit Rotwein und Orangensaft ablöschen, Orangenzesten und ausgekratztes Vanillemark zugeben. Die Flüssigkeit etwas einkochen lassen.

4 Portionsweise die gewaschenen Feigen darin 8 Minuten bei schwacher Hitze kochen lassen. Feigen im Sud erkalten lassen.

5 Die Kerne aus dem Granatapfel kratzen. Die gemahlenen Haselnüsse auf den Kuchenboden streuen. Die Mascarponecreme darauf verteilen. Die Feigen über Kreuz aufschneiden und leicht auseinanderziehen, so dass sie wie Blüten aussehen. Die Feigen auf die Creme legen und mit 2 bis 3 Esslöffel des Suds beträufeln. Mit den Granatapfelkernen und den gehackten Pistazien verzieren.

Sachertorte klassisch

**Für 1 Springform
(Ø 28 cm):**
Für den Teig
6 Eier
2 EL heißes Wasser
175 g Zucker
1 Päckchen Vanillezucker
100 g Weizenmehl
100 g Kakaopulver
1 gehäufter TL Backpulver
150 g zerlassene Butter

Außerdem
150 g Aprikosenkonfitüre
150 g Puderzucker
30 g Kakaopulver
etwa 3 EL heißes Wasser
40 g Kokosfett
75 g gehackte Mandeln

1. Den Backofen auf 180 °C vorheizen. Für den Teig die Eier trennen. Eigelbe und heißes Wasser schaumig schlagen und nach und nach zwei Drittel des Zuckers mit dem Vanillezucker dazugeben. Danach so lange schlagen, bis eine cremige, helle Masse entstanden ist.
2. Eiweiß zu steifem Schnee schlagen. Unter ständigem Schlagen nach und nach den Rest des Zuckers dazugeben. Den Eischnee auf die Eigelbmasse geben. Darüber das mit Kakao und Backpulver gemischte Mehl sieben.
3. Alles vorsichtig unterziehen, dabei nach und nach die abgekühlte Butter dazugeben. Den Teig in eine mit Backpapier ausgelegte Springform füllen und 25 bis 35 Minuten im vorgeheizten Backofen backen.
4. Den Biskuit am besten über Nacht ruhen lassen. Am nächsten Tag den Tortenboden einmal waagrecht durchschneiden. Mit Aprikosenkonfitüre füllen und auch von außen dünn und gleichmäßig damit bestreichen.
5. Für den Guss den mit Kakao gesiebten Puderzucker mit so viel heißem Wasser glatt rühren, dass eine dickflüssige Masse entsteht. Dann das zerlassene, heiße Kokosfett dazugeben und die Torte mit dem Guss bestreichen. Solange der Guss noch weich ist, den Tortenrand mit den Mandeln bestreuen.

Tipp: Französiches Kakaogelee
Die Kakaoglasur, wie oben beschrieben, gehört zur klassischen Sachertorte. Ich liebe das folgende **Französische Kakaogelee** als Überzug. Es wird zwar nicht so fest, schmeckt aber traumhaft gut: Dafür 3 Blatt Gelatine in kaltem Wasser einweichen. 150 Milliliter Wasser mit 180 Gramm Zucker, 60 Gramm bestem Kakaopulver und 120 Gramm Sahne aufkochen und 3 Minuten kochen lassen. Vom Herd nehmen und die ausgedrückte Gelatine darin auflösen. Das Gelee gut auskühlen lassen und die Torte damit bestreichen.

Käsekuchen

**Für 1 Springform
(Ø 26 cm):**
Für den Teig
150 g Weizenmehl
65 g Zucker
2 Eigelb
abgeriebene Schale von
½ unbehandelter Zitrone
100 g kalte Butter

Für den Belag
2 Päckchen Puddingpulver
mit Vanillegeschmack
200 g Zucker
½ l Milch
750 g Topfen
50 g zerlassene Butter
abgeriebene Schale von
½ unbehandelter Zitrone
3 Eier

1. Mehl auf ein Backbrett sieben. In die Mitte eine Vertiefung eindrücken, Zucker, Eigelbe und Zitronenabrieb darauf verteilen. Die in Stücke geschnittene kalte Butter darauf verteilen und alles mit kalten Händen schnell zu einem glatten Teig verkneten. 1 Stunde zugedeckt kalt stellen.
2. In der Zwischenzeit den Belag herstellen. Dafür das Puddingpulver und zwei Drittel des Zuckers mit ⅛ Liter Milch anrühren. Die übrige Milch erhitzen. Von der Kochstelle nehmen und das angerührte Puddingpulver einrühren. Wieder auf den Herd stellen und unter Rühren aufkochen lassen, bis der Pudding dick wird.
3. Den Topf wieder von der Kochstelle nehmen, Topfen, zerlassene Butter und abgeriebene Zitronenschale unterrühren. Die Eier trennen. Eigelbe unter die Topfenmasse rühren. Eiweiß zu steifem Schnee schlagen, den Rest des Zuckers darunterheben und den Schnee unter die Topfenmasse ziehen.
4. Den Backofen auf 180 °C vorheizen. Zwei Drittel des Teiges auf dem Boden einer Springform ausrollen. Den restlichen Teig zu einer Rolle formen und als Rand um den Boden legen. Mit den Fingern zu einem Rand hochdrücken.
5. Die Topfenmasse auf den Teigboden füllen und glatt streichen. Den Kuchen in 50 bis 60 Minuten goldgelb backen.

Tipp
Beim Backen dehnt sich der Topfenbelag stark aus, beim Abkühlen sinkt er wieder stark zusammen. Wenn Sie den Kuchen ganz langsam im ausgeschalteten Backofen (bei leicht geöffneter Backofentür) abkühlen lassen, fällt sie nicht so stark ein. Den Käsekuchen erst aus der Form nehmen, wenn sie vollständig erkaltet ist.

Gugelhupf aus dem Elsass

Für eine große Gugelhupf-Form (1 kg Inhalt):
100 g Rosinen
1 Schnapsgläschen Kirschwasser
400 g Mehl
25 g Hefe
200 ml Milch
2 TL Salz
60 g Puderzucker
1 Ei
180 g weiche Butter
50 g ganze Mandeln
Butter für die Form
Puderzucker zum Bestäuben

1 Die Rosinen in dem Kirschwasser, vermischt mit einem Schnapsglas Wasser, einweichen.

2 100 Gramm Mehl in eine Schüssel sieben. Hefe dazugeben und nach und nach mit der Milch glatt rühren. Die Schüssel mit diesem Vorteig mit einem Geschirrtuch abdecken und bei Zimmertemperatur an einem Ort ohne Zugluft etwa 15 Minuten gehen lassen.

3 Das restliche Mehl auf eine Arbeitsfläche sieben und eine Mulde hineindrücken. Salz und Puderzucker auf den Rand geben. Den Vorteig zusammen mit dem Ei in die Mulde geben. Nach und nach das Mehl vom Rand unter den Vorteig arbeiten und alles etwa 5 Minuten lang zu einem glatten Teig kneten. Er ist fertig, wenn er nicht mehr klebt.

4 Die weiche Butter und die eingeweichten Rosinen einarbeiten. Das Kneten kann man auch von der Küchenmaschine erledigen lassen. Der Teig wird dann schön glatt.

5 Den Teig zur Kugel formen und zugedeckt in einer großen Schüssel etwa 1 ½ Stunden bei Zimmertemperatur gehen lassen. Noch einmal durchkneten und weitere 20 Minuten gehen lassen.

6 Die Mandeln kurz in heißem Wasser blanchieren. Abgießen und die Mandelkerne aus den braunen Häutchen drücken. Die Gugelhupf-Form großzügig buttern und in jede Rille eine gehäutete Mandel legen. Den Teig einfüllen und zugedeckt weitere 1 ½ Stunden gehen lassen.

7 Den Backofen auf 200 °C vorheizen. Den Gugelhupf in den Ofen schieben und die Temperatur auf 180 °C reduzieren. Den Kuchen etwa 45 Minuten backen. Auf einem Kuchengitter abkühlen lassen und zum Servieren leicht mit Puderzucker bestäuben.

Zwetschgendatschi mit Zimtzucker

Für etwa 24 Stück
(1 großes Blech):
Für den Teig
500 g Mehl
20 g Hefe (½ Würfel)
etwa ⅛ l lauwarme Milch
60 g Zucker
60 g Butter
2 Eier
1 Prise Salz

Für den Belag
1,25 kg Zwetschgen
Zimtzucker

1. Mehl in eine Schüssel geben, in die Mitte eine Vertiefung drücken und die Hefe hineinbröseln. Mit wenig lauwarmer Milch und 1 Teelöffel Zucker verrühren. An einem warmen Ort zugedeckt etwa 15 Minuten gehen lassen.
2. Butter weich werden lassen. Alle Zutaten für den Teig zum Vorteig geben und zu einem mittelfesten Teig verarbeiten. So lange kneten, bis sich der Teig vom Schüsselrand löst und nicht mehr an den Händen klebt. Zugedeckt etwa 1 Stunde an einem warmen Ort gehen lassen.
3. In der Zwischenzeit die Zwetschgen waschen und abtrocknen. Die Früchte halbieren, den Stein entfernen und jede Hälfte nochmals oben etwas einschneiden.
4. Den gegangenen Teig nochmals durchkneten. In der Größe des Backblechs ausrollen. Blech mit Backpapier auslegen und den Teig daraufgeben. Den Backofen auf 180 °C vorheizen.
5. Den Teigboden dicht mit den Zwetschgen belegen und mit Zimtzucker bestreuen. Saure Frühzwetschgen brauchen mehr Zucker als süße späte Sorten. Den Datschi im vorgeheizten Backofen etwa 40 Minuten hellbraun backen.

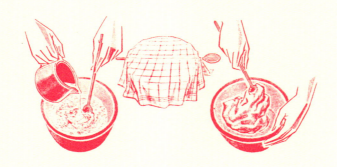

Marillentarte mit Zwetschgencreme

Für 8 große Stücke:
Für die Tarte
300 g Mehl
200 g Butter
1 Eigelb
100 g Zucker
Salz
3 EL Wasser
etwa 500 g Marillen
(Aprikosen)
100 g Biskuitbrösel
Butter für die Form

Für die Zwetschgencreme
500 g Zwetschgen
100 g Zucker
2 TL Zimtpulver

1. Mehl, klein geschnittene Butter, Eigelb, Zucker, Salz und Wasser zu einem geschmeidigen Mürbteig kneten. Mindestens 2 Stunden im Kühlschrank rasten lassen.
2. Die Marillen waschen, abtrocknen und halbieren. Dabei den Stein entfernen. Den Backofen auf 200 °C vorheizen.
3. Eine Tarteform mit Butter ausstreichen. Den Teig zwischen zwei Blättern Klarsichtfolie dünn ausrollen und in die Form legen. Einen kleinen Rand (ca. 1 cm) hochziehen. Den Teigboden mehrmals mit einer Gabel einstechen. Die Biskuitbrösel darüberstreuen.
4. Die Marillen mit der Wölbung nach oben auf dem Teigboden verteilen. Den Kuchen in den vorgeheizten Backofen schieben und etwa 25 bis 30 Minuten backen.
5. In der Zwischenzeit die Zwetschgen waschen und entsteinen. Mit dem Zucker in einen Topf geben und unter Rühren aufkochen lassen. Die Herdplatte abschalten, den Topf zudecken und die Zwetschgen noch 5 Minuten ziehen lassen. Die Zwetschgen pürieren, Zimt zugeben und die Creme abkühlen lassen.
6. Zum Servieren die warme Tarte in acht bis zwölf Stücke schneiden und mit der Zwetschgencreme servieren.

Tipp
Wer es ganz üppig mag, serviert noch geschlagene Sahne dazu, die mit etwas Vanillezucker aromatisiert wurde.

Französische Schokoladencremetorte

Für 12 Stück:

Für den Mürbteigboden
75 g Mehl
1 EL Kakaopulver
70 g kalte Butter
40 g gemahlene Mandeln
40 g Puderzucker

Für den Biskuitboden
5 Eier
125 g Zucker
50 g Mehl
50 g Stärkemehl
3 EL Kakaopulver

Für die Schoko-Creme
150 ml Milch
550 g Sahne
1 Vanilleschote
3 Eigelb
50 g Zucker
350 g Bitterschokolade

Für den Guss
1 Rezept Französisches Kakaogelee von S. 252 (Tipp)

Außerdem
einige Esslöffel Vanillesirup

1 Für den Mürbteig alle Zutaten zu einem glatten Teig verkneten. Zu einer Platte (Ø 24 cm) ausrollen, in eine am Boden mit Backpapier ausgelegte Springform (Ø 24 cm) legen und im auf 160 °C vorgeheizten Backofen etwa 10 Minuten backen.

2 Für den Biskuit Eier trennen. Eigelbe und Zucker mit dem Handrührgerät zu einer dickcremigen hellen Masse aufschlagen. Eiweiß steif schlagen und auf die Eigelbmasse geben. Mehl mit Stärke und Kakao darübersieben und alles vorsichtig vermengen. Den Teig in eine am Boden mit Backpapier ausgelegte Springform (Ø 24 cm) füllen und im vorgeheizten Backofen bei 170 °C 30 bis 35 Minuten backen. Auskühlen lassen, einmal quer halbieren.

3 Für die Creme Milch und 100 Gramm Sahne mit der aufgeschlitzten Vanilleschote und dem ausgekratzten Mark zum Kochen bringen, vom Herd nehmen und zugedeckt ziehen lassen. Eigelbe und Zucker im Wasserbad zu einer dicken, hellen Creme schlagen. Die heiße Milch ohne Vanilleschote langsam unterschlagen und weiterschlagen, bis die Masse dick wird. Vom Herd nehmen, geraspelte Bitterschokolade unterziehen und abkühlen lassen. Die restliche Sahne steif schlagen und unterheben.

4 Zum Zusammensetzen der Torte einen Tortenring (Ø 24 cm) auf ein mit Backpapier belegtes Blech setzen. Einen Biskuitboden einlegen und diesen mit einigen Löffeln Vanillesirup tränken. Die Hälfte der Schoko-Creme daraufstreichen. Den zweiten Biskuitboden aufsetzen, mit Sirup tränken und mit der restlichen Creme bestreichen. Den Mürbteigboden aufsetzen und etwas andrücken. Gut 1 Stunde kühl stellen.

5 Die Torte auf den Mürbteigboden stürzen und mit dem Kakaogelee rundherum bestreichen.

Schoko-Cake New York

Für 8 Stück:
200 g Bitterschokolade
(70 % Kakaoanteil)
200 g weiche Butter
4 Eier
1 Prise Salz
120 g Zucker

1. Den Boden einer Springform (Ø 26 cm) mit Backpapier auslegen. Den Backofen auf 200 °C vorheizen.
2. Die Schokolade im heißen Wasserbad schmelzen. Die Butter dazugeben und unter Rühren in die geschmolzene Schokolade hinein auflösen. Schokomischung beiseitestellen und etwas abkühlen lassen.
3. Inzwischen die Eier trennen, Eiweiß mit der Prise Salz steif schlagen. Die Eigelbe und den Zucker in einer großen Schüssel mit dem Handrührgerät so lange aufschlagen, bis die Masse dickcremig und hell ist.
4. Die Schoko-Butter-Masse esslöffelweise unter die Eigelbmasse rühren. Zum Schluss den Eischnee unterheben, dazu zuerst ein Drittel mit dem Schneebesen einrühren, den Rest mit dem Teigschaber unterheben.
5. Den Teig in die Springform füllen und glatt streichen. Im vorgeheizten Backofen 35 bis 40 Minuten backen. Den Kuchen auf einem Gitter etwas ausdampfen lassen, in Stücke schneiden und warm servieren.

Tipp

Zu diesem herrlich schokoladigen Kuchen schmecken geschlagene Sahne, Vanillesauce oder Vanilleeis. Wer es fruchtig und nicht so gehaltvoll mag, gibt eine Fruchtsauce dazu – etwa pürierte Mango.

Nachspeisen | Süßes & Gebäck 261

Schokoladen-Ramequins

Für 4 Personen:
120 g Bitterschokolade
(70 % Kakaoanteil)
plus 8 Rippchen dunkle
Schokolade (à 5 g) zum
Einlegen in die Förmchen
35 g Butter
3 Eier
80 g Zucker
1 EL Mehl
Butter und Mehl für die Form
Puderzucker zum Bestäuben

1 In einem Töpfchen im heißen Wasserbad 120 Gramm Schokolade und die Butter schmelzen lassen. Aus dem Wasserbad nehmen und abkühlen lassen.

2 Eier und Zucker mit dem Handrührgerät cremig schlagen. Schokoladen-Butter-Mischung und gesiebtes Mehl unterrühren. Den Backofen auf 210 °C vorheizen.

3 Vier Portions-Auflaufförmchen (Ramequins) gut buttern und mehlen. Die Förmchen jeweils knapp zur Hälfte mit Teig füllen. In jedes Förmchen zwei Rippchen Schokolade einlegen und den restlichen Teig darauf verteilen.

4 Die Ramequins auf den Rost in die Mitte des Backofens setzen und etwa 12 Minuten backen. Herausnehmen, vorsichtig mit einem Messer den Rand lösen und die Schoko-Küchlein auf Portionsteller stürzen. Mit einem Hauch Puderzucker bestäuben und warm servieren, damit der Schokoladenkern noch flüssig ist.

Türkische Zimt-Pitte

Für etwa 24 Stück (1 großes Blech):

Für den Teig
400 g Mandeln
2 TL Zimtpulver
45 g Zucker
275 g Butter
300 g Mehl
3 Eigelb
1 Ei
Butter für das Blech

Für den Belag
3 Eiweiß
150 g Zucker
150 g Mandelstifte

1 Für den Teig die Mandeln mahlen und mit allen anderen Zutaten rasch und gründlich verkneten. Auf dem Backbrett zu einer Platte ausrollen. Dann auf ein mit Butter bestrichenes Backblech legen und fertig auf Blechgröße ausrollen. Den Backofen auf 200 °C vorheizen.

2 Für den Belag Eiweiß zu steifem Schnee schlagen. Zucker einrieseln lassen und mitschlagen, bis der Schnee dick und glänzend ist. Die Mandelstifte unterheben.

3 Die Makronenmasse auf den Teigboden streichen und das Blech in den vorgeheizten Backofen schieben. Die Temperatur auf 180 °C reduzieren und den Kuchen etwa 25 Minuten backen, bis die Oberfläche hellbraun ist. Herausnehmen und noch warm in Rauten schneiden.

Tipps
~ Der Kuchen ist nicht sehr süß. Wer möchte, erhöht die Zuckermenge im Teig um 2 bis 3 Esslöffel.
~ Das Eiweiß wird zu schön steifem Eischnee, wenn man Folgendes beachtet: Quirle und Schüssel müssen völlig frei von Eigelb oder Fett sein; das Eiweiß und die Geräte sollten möglichst kalt sein; 1 Prise Salz oder 1 Teelöffel Zitronensaft zugeben – dann wird das Eiweiß schneller steif.

Zimtsterne ganz klassisch

Für etwa 40-50 Stück:
3 Eiweiß
300 g Puderzucker
300 g geriebene Mandeln
Saft und abgeriebene Schale
von ½ unbehandelter Zitrone
1 TL Zimtpulver
evtl. etwas Puderzucker
zum Ausrollen

1 Eiweiß steif schlagen. Den Puderzucker einrühren und so lange weiterschlagen, bis die Masse dick und glänzend ist. 3 Esslöffel davon abnehmen, in eine Schüssel geben und mit Klarsichtfolie gut verschließen.
2 Die geriebenen Mandeln, Zitronensaft und -schale und den Zimt untermischen. Den Teig kalt stellen.
3 Den Teig etwa ½ Zentimeter dick ausrollen – wenn er klebt, den Teig auf der mit Puderzucker besiebten Arbeitsfläche ausrollen. Mit einem Ausstechförmchen Sterne ausstechen, eventuell das Förmchen immer wieder in Wasser tauchen.
4 Die Zimtsterne auf ein mit Backpapier ausgelegtes Backblech legen und über Nacht in einem kühlen Raum leicht antrocknen lassen.
5 Am nächsten Tag mit der zurückbehaltenen Baisermasse bestreichen und im vorgeheizten Backofen bei 175 °C etwa 20 Minuten backen. Die Glasur soll weiß bleiben.

Nachwort

Ich habe sehr lang an diesem Kochbuch – dem Großen Sarah-Wiener-Kochbuch – gearbeitet, und es hat mir viel Freude bereitet, Rezepte auszuprobieren, abzuändern und Fotos auszusuchen. Wie bei all meinen Kochbüchern ist der Platz immer zu wenig für all meine Lieblingsrezepte, und jedes Mal überlege ich, ob man nicht doch noch dieses oder jenes hineinnehmen könnte. Nun ist das Buch komplett und liegt vor Ihnen. Als ich zum ersten Mal alle Rezepte vereint sah, bekam ich ein schlechtes Gewissen: Was für ein Sammelsurium an Stilrichtungen, an verschiedenen Küchen und an verschiedenen Ländern! Und doch – genau das entspricht meinem Wesen: dem Mediterranen neben dem Asiatischen, dem Französischen neben dem Österreichischen Platz zu geben. So koche ich und so liebe ich es! Eines jedoch verbindet alle meine Rezepte: Sie sind authentisch, bodenständig und in der Regel für jeden engagierten Hobbykoch nachzukochen. Die Frische der Zutaten und deren Qualität spielt natürlich wie bei allen guten Gerichten dieser Welt eine Hauptrolle. Manche Rezepte brauchen Zutaten, die Sie nicht so einfach auf dem Land erhalten, aber sicher in jeder größeren Stadt oder auch per Internet. Ich bitte, mir diese Schwäche nachzusehen. Durch zahlreiche Reisen nach Asien habe ich die Küche dort schätzen und lieben gelernt und möchte diese Erfahrung gerne mit Ihnen teilen. Trotzdem möchte ich ausdrücklich betonen, dass ich saisonale und regionale Produkte außerordentlich schätze und mich gerne und oft auf unsere Wurzeln besinne. Sie sind die Basis und das Wesentliche in meiner Kochkunst. Die Globalisierung hat uns auch kulinarisches Neuland beschert – wir sollten sorgsam damit umgehen. Brauchen wir wirklich Erdbeeren zu Weihnachten? Spargel im November und jeden Tag Avocados?

Wir gehören zu den besten Küchenherstellern der Welt, inklusive Töpfen und Messern. Sollten wir da nicht auch die Verpflichtung haben, Qualität auf unserem Teller einzufordern und engagierte heimische Produzenten unterstützen? Jedes Tier muss irgendwann sterben, aber essen wir es nicht viel lieber, wenn wir wissen, es hat ein würdiges, artgerechtes Leben geführt? Fängt der Genuss nicht schon bei dem Anblick einer Streuobstwiese an? Bei Kühen auf einer ursprünglichen Weide und bei dem Duft eines Erdbeerfeldes? Diese Fragen zu beantworten, möchte ich gerne Ihnen überlassen.

Zum Kochen gehört auch immer das Davor: das Produkt, die Landschaft, die Mühe, die Liebe und das Wissen eines Produzenten – aber ohne die Liebe und Aufmerksamkeit der Köchin oder des Koches wird aus den besten Zutaten höchstens ein mittelmäßiges Mahl.

Ich wünsche Ihnen viele genussvolle und perfekte Mahlzeiten, an die sich Ihre Gäste noch lange Zeit erinnern und sich dabei ihre Bäuche vor Glück halten!

Danksagung

Liebe Cornelia Philipp, vielen Dank für deine liebevolle und großartige Unterstützung bei diesem Buch! Ich kann wohl sagen: es ist unser beider Buch! Danksagung auch an alle Köche dieser Welt, insbesondere an »meine« Köche. Kochen lernt man nur durch Kochen, durch Ausprobieren und Erfahrung. Im besten Fall hat man Kollegen, Lehrmeister, Tanten, Mütter und Freunde, die einem an ihrem Können teilhaben lassen. In meinem Fall war es von jedem etwas: meine Mutter Lore (beste vegetarische Küche weltweit!), meine belle-mère Ingrid, die meinen Horizont nicht nur kulinarisch erweitert hat, Freundinnen von beiden (Elli, Birgit, Marianne, …), meine Schwester Una, deren Art zu kochen ich liebe, meine Paten, Freunde und Meister rund um die Welt, die so großzügig waren, mir ihr Wissen und ihre Küche zu öffnen, damit ich daran teilhaben kann. Sie haben mir gezeigt, dass es keine richtige oder falsche Art zu kochen und zu backen gibt – es gibt nur eine wahre Instanz: den eigenen Geschmack!
An dieser Stelle auch ein großes Dankeschön an meine »Medienkochfreunde«: Rainer, Ralf, Johann, Alfons, Tim, Kolja, Vincent, Studi, Mario, Hotte und Cornelia – und natürlich an Alfred und Eckart, unser aller Vorreiter!
Wenn ich nicht zwei besonders großzügige und fähige Geschäftsführer hätte, gäbe es dieses Buch nicht. Elenor und Jochen, vielen Dank fürs Rückenfreihalten!
Natürlich gehören zu einer Firma wie der unseren noch mehr Menschen, ohne die es einfach nicht geht: Fahrer, Buchhaltung, Organisatoren, Logistiker, Sekretäre, Restaurant- und Ver-anstaltungsleiter. Besonders erwähnen möchte ich noch alle Kellnerinnen und Kellner. Ich sehe sie immer als unsere Visitenkarte.
Wir alle sind Teil vom Ganzen. Man sagt: Jeder Chef hat die Mitarbeiter, die er verdient – das würde mich in unserem Fall ehren!

Alphabetisches Register

A

Andalusische Gemüse-Tortilla 170
Apfel-Walnuss-Kuchen mit Rumguss 245
Asia-Lammkeule mit Süßkartoffelpüree und Mangold 121

B

Backhendl mit Zwieback-Kruste 93
Barsch in Salzkruste 149
Beduinenbrot 27
Birnenpfannkuchen mit Haselnuss 197
Bouillabaisse – Fischsuppe aus Marseille 76
Brotsalat mit Tomaten und Kapern 25
Buttermilchblinsen mit Schokoladeneis und Erdbeeren 244

C

Calzone (Variante) 22
Canarimilch (Tipp) 209
Cassoulet aus Castelnaudary – Hauptstadt des Cassoulet 105
Chapati (Variante) 27
Chili con Carne (Variante) 71
Confit mit Äpfeln und roten Zwiebeln 45
Crème brûlée – gebrannte Creme 234
Crème brûlée mit Trüffeln (Variante) 234
Cremige Curry-Apfel-Suppe 77
Curry-Fischsuppe 73

D/E

Devil-Chicken aus Sri Lanka 88
Entenbrust im Salzteig mit Kürbisflan 102
Entenbrust mariniert in Zitronengras und Ingwer 104

F

Feigentorte mit Granatapfelkernen 251
Feines Trüffeleis (Variante) 218
Fenchelessenz mit Oliven-Tomaten-Zigarre 52
Fenchel-Quiche mit Kräutern 166
Fischcurry aus Indien 152
Forelle in Couscous-Kruste 144
Forellen in Rahmsauce 145
Forellen-Mousse mit Sauerampfer und Kapuzinerkresse 36
Französische Schokoladencremetorte 258
Französischer Königskuchen »Galette des rois« 248
Französisches Kakaogelee (Tipp) 252
Frittata mit Waldschwammerl 171
Fruchtiger Melonensalat mit Ziegenkäse (Variante) 18

G

Gänsebraten mit Maroni-Kumquat-Füllung 106
Garnelenschwänze in Paprika-Salsa 136
Gazpacho (Variante) 57
Gedünsteter Fenchel (Tipp) 125
Geeiste Gurkensuppe 56
Gefüllte Auberginenröllchen mit Mozzarella 33
Gefüllte Morcheln 161
Gefüllte Zucchiniblüten 31
Germknödel 193
Gespicktes Lamm mit Knoblauch und Rosmarin 123
Gnocchi mit Wildkräutern und Butter 188
Gorgonzola-Dip mit Petersilie 47
Gratinierter Radicchio mit Parmesan 165
Griechische Füllung (Variante) 31
Griechischer Gurkensalat (Variante) 19
Griechisches Kräuterhähnchen 95
Grießauflauf mit Parmesan 187
Grundrezept für feine Brühe 61
Gugelhupf aus dem Elsass 254
Gurkensalat mit Chili 19

H

Hagebuttenmarmelade mit Vanille 214
Hähnchenrouladen mit Spinat 100
Hähnchenwürfel mit warmer Ingwersauce 89
Heidelbeerterrine mit Buttermilchschaum 230
Himbeer-Pfirsich-Crisp 246
Hirschnüsschen mit Kartoffelschnee und Karamelläpfeln 131
Hollerkücherl mit Zimtzucker 198
Holler-Sauerkirsch-Joghurtcreme mit Cashewkrokant 232
Hollersirup (Tipp) 198
Hühnersuppe mit Kokosmilch 79

I

Indianisches Brot (Bannock) 26
Indischer gelber Linseneintopf mit Koriander und Ingwer 174
Indischer Gurkensalat (Variante) 19
Ingwerkarotten (Tipp) 120

J

Joghurt-Topfen-Terrine mit Garnelen 44
Johannisbeerkonfitüre kalt gerührt 212
Jungschweinebraten mit Gewürznelken 109

K

Kaiserschmarren mit Mandelblättchen 194
Kalbfleisch-Piroggen mit Zwiebelbutter 117
Kalbsfilet mit Limettensauce 118
Kaninchenroulade mit Honigkarotten 120
Kardinalsuppe 60
Kärntner Kasnudeln 178
Kartoffelblech mit Borretsch 189
Kartoffeln auf dem Blech mit Knoblauch 159
Kartoffelnudeln in Mohnbutter 200
Kartoffelpizza aus Sardinien 157
Kartoffelsalat (Tipp) 93
Kartoffelsuppe mit Pfifferlingen 68
Käsekuchen 253
Kichererbsenplätzchen 175
Kichererbsensuppe mit Minze-Käse-Wan-Tans 63
Kirschkuchen mit Zimtstreusel 243
Königsberger Klopse 84
Kräuterknurrhahn mit Ratatouille 151
Kräuterpaste aus rotem Klee 181
Kräutersuppe mit Spinat 58
Kürbiskern-Mousse mit Ziegenfrischkäse 38
Kürbissuppe mit Limetten 78

L

Lammrücken im Thymian-Brot-Mantel 125
Leber mit Apfel und Speck 87
Lebkuchenparfait mit Orange 220
Limetten-Rum-Bananen 217
Linzer Torte 249
Liptauer Käseaufstrich 47
Lorbeerhuhn im Gemüsebett 91
Loup de mer im Salzteig mit Roter Bete 147

M/N

Marillen-Pistazien-Kugeln 237
Marillentarte mit Zwetschgencreme 257
Marinierte Rindersteakspieße mit Orange 112

Marokkanische Bandnudeln mit roten
    Linsen und Spinat 182
Maronen-Kartoffel-Suppe 66
Matjesfilet mit Sellerie-Bohnen-Salat 134
Melanzani-Tomaten-Salat mit Rosinen 20
Melonencreme mit Himbeereis 223
Melonensalat mit Feta und Minze 18
Millirahmstrudel mit Kirschen 205
Minestrone 169
Mousse au chocolat mit Brombeer-
    sauce 226
Nussbutter (Tipp) 179

P

Panna cotta mit Pistazien 235
Papaya-Sorbet mit Ingwer 221
Paprika-Dip mit Topfen 48
Paprika-Mousse mit Artischocken 39
Paprikasauce (Tipp) 121
Parmesan-Koriander-Pesto 181
Parmesanröllchen mit Avocado-
    füllung 49
Pasta-Taschen mit Knoblauch-
    Auberginen-Füllung 177
Pavlova mit Erdbeeren und Passions-
    früchten 241
Perlgraupen-Risotto 185
Perlhuhn in Halbtrauer – Pintade
    demi-deuil 99
Petersilien-Bulgur-Nest mit Ei und
    Blüten 17
Petersilien-Linsen-Suppe mit
    Kreuzkümmel 70
Petersiliensalat (Tipp) 38
Pizzataschen mit Friseesalat 22
Pochierte Birnen mit Maronen-
    Mousse 224
Polenta mit Steinpilzen 187
Pollo al limone (Variante) 95
Putenschnitzel mit Kräuter-Ziegenkäse-
    Füllung 98

R

Rehragout aus den Vogesen mit
    Pfifferlingen und Kartoffelpüree 128
Rhabarberkaltschale 231
Rinderfilet mit Forellen-Estragon-
    Sauce 28
Rindfleischstreifen mit Bambus
    und Ingwer 114
Risotto mit Brennnesseln 184
Risotto mit Hühnerleber 86
Rosa Kokospudding 236
Rösti mit Rosmarin 159

Rotbarbenfilet mit Fenchel und
    Orangenfilets 143
Rote Bohnen-Chili-Suppe 71
Rote-Bete-Suppe mit Kreuzkümmel 67
Roter Couscous mit Wildkräutern 164
Rotes Pesto mit Cashewkernen 180
Rucolasalat mit Steinpilzen und
    Kaninchen 14
Rucolasuppe mit Parmesan 58

S

Sachertorte klassisch 252
Safransauce (Tipp) 141
Saté-Spieße mit Mango-Dip 34
Sauce tartare (Tipp) 137
Sauerampfersuppe mit Garnelen 74
Schnee-Eier mit Himbeeren und
    Vanillecreme 240
Schnelle Beerencreme mit Joghurt 227
Schnelle Leberpastete mit grünem
    Pfeffer 42
Schneller Bärlauch-Dip 48
Schoko-Cake New York 260
Schokoladen-Ramequins 261
Schwammerlgulasch 160
Schweineschnitzel mit Salbei 110
Seeteufel mit Kartoffelkruste und
    Safran-Kokos-Sauce 140
Seeteufel-Zimt-Spieße 141
Semmelfüllung mit Lauch (Variante) 106
Spargel mit Sauce hollandaise 162
Spinat-Pesto 180
Stockfischkrapfen mit Chili 137
Süßer Polenta-Auflauf 202
Süß-sauer-scharfe Chilisauce
    (Variante) 34
Süßsaures Hagebuttenmus (Variante) 214

T

Tafelspitz mit Rotweinschalotten 116
Tandoori-Lachs mit Zuckerschoten und
    Minze 153
Thailändischer Rindfleischsalat 115
Tiroler Speckknödel 111
Tofu-Vanille-Knödel auf Hollerröster 199
Tomatenkaltschale 57
Tomatensuppe mit Basilikumnockerln 55
Topfenauflauf mit Kirsch-Zitronengras-
    Spießen 203
Topfengelee mit Erdbeeren 229
Topfen-Hirse-Füllung (Variante) 179
Topfenpalatschinken mit Berberitzen-
    sauce 209
Topfen-Semmel-Füllung (Variante) 179

Torta Pasqualina – Ligurische Oster-
    torte 172
Tortino di carciofi 13
Truthahnroulade mit Kirschtomaten 96
Tunfischsalat aus Sri Lanka 138
Tunfischspieße mit grünem Apfel 35
Türkische Zimt-Pitte 262

V

Vanille-Sahne-Eis 218
Vargabèles – Schusterstrudel aus
    Ungarn 208
Veltliner Weinsuppe 61

W

Walnuss-Mascarpone mit Mango 225
Wildschweinbraten aus dem
    Spessart 129

Z

Zander mit Senfkruste und Kohlrabi 146
Zimtsterne ganz klassisch 263
Zitronenschaumsauce (Tipp) 141
Zuckerschotensuppe mit Lachs und
    Kerbel 81
Zweifach gegarte Taube aus der Drôme
    mit getrüffeltem Püree 107
Zwetschgendatschi mit Zimtzucker 256
Zwiebelschmalz (Variante) 117

Rezeptregister nach Zutaten

A

Äpfel
    ~ Apfel-Walnuss-Kuchen mit
        Rumguss 245
    ~ Confit mit Äpfeln und roten
        Zwiebeln 45
    ~ Cremige Curry-Apfel-Suppe 77
    ~ Hirschnüsschen mit Kartoffelschnee
        und Karamelläpfeln 131
    ~ Leber mit Apfel und Speck 87
    ~ Tunfischspieße mit grünem Apfel 35
Aprikosen, s. Marillen
Artischocken
    ~ Paprika-Mousse mit Artischocken 39
    ~ Perlhuhn in Halbtrauer –
        Pintade demi-deuil 99
    ~ Tortino di carciofi 13

Register

Auberginen
- ~ Gefüllte Auberginenröllchen mit Mozzarella 33
- ~ Kräuterknurrhahn mit Ratatouille 151
- ~ Melanzani-Tomaten-Salat mit Rosinen 20
- ~ Pasta-Taschen mit Knoblauch-Auberginen-Füllung 177

Avocado
- ~ Parmesanröllchen mit Avocadofüllung 49

B

Bananen
- ~ Limetten-Rum-Bananen 217

Birnen
- ~ Birnenpfannkuchen mit Haselnuss 197
- ~ Pochierte Birnen mit Maronen-Mousse 224

Bohnen
- ~ Cassoulet aus Castelnaudary – Hauptstadt des Cassoulet 105
- ~ Chili con Carne (Variante) 71
- ~ Matjesfilet mit Sellerie-Bohnen-Salat 134
- ~ Rote Bohnen-Chili-Suppe 71

Brot
- ~ Brotsalat mit Tomaten und Kapern 25
- ~ Gazpacho (Variante) 57
- ~ Gefüllte Morcheln 161
- ~ Lammrücken im Thymian-Brot-Mantel 125
- ~ Millirahmstrudel mit Kirschen 205
- ~ Semmelfüllung mit Lauch (Variante) 106
- ~ Tiroler Speckknödel 111
- ~ Topfen-Semmel-Füllung (Variante) 179

Buttermilch
- ~ Buttermilchblinsen mit Schokoladeneis und Erdbeeren 244
- ~ Heidelbeerterrine mit Buttermilchschaum 230

C

Chili
- ~ Chili con Carne (Variante) 71
- ~ Devil-Chicken aus Sri Lanka 88
- ~ Fischcurry aus Indien 152
- ~ Gurkensalat mit Chili 19
- ~ Indischer gelber Linseneintopf mit Koriander und Ingwer 174
- ~ Rote Bohnen-Chili-Suppe 71
- ~ Stockfischkrapfen mit Chili 137
- ~ Süß-sauer-scharfe Chilisauce (Variante) 34
- ~ Tandoori-Lachs mit Zuckerschoten und Minze 153

Couscous
- ~ Forelle in Couscous-Kruste 144
- ~ Roter Couscous mit Wildkräutern 164

Curry
- ~ Cremige Curry-Apfel-Suppe 77
- ~ Curry-Fischsuppe 73
- ~ Fischcurry aus Indien 152

E

Eier
- ~ Andalusische Gemüse-Tortilla 170
- ~ Birnenpfannkuchen mit Haselnuss 197
- ~ Frittata mit Waldschwammerl 171
- ~ Petersilien-Bulgur-Nest mit Ei und Blüten 17
- ~ Torta Pasqualina – Ligurische Ostertorte 172

Entenfleisch
- ~ Entenbrust im Salzteig mit Kürbisflan 102
- ~ Entenbrust mariniert in Zitronengras und Ingwer 104

Erdbeeren
- ~ Buttermilchblinsen mit Schokoladeneis und Erdbeeren 244
- ~ Topfengelee mit Erdbeeren 229

F

Fenchel
- ~ Fenchelessenz mit Oliven-Tomaten-Zigarre 52
- ~ Fenchel-Quiche mit Kräutern 166
- ~ Gedünsteter Fenchel (Tipp) 125
- ~ Rotbarbenfilet mit Fenchel und Orangenfilets 143

Fisch
- ~ Barsch in Salzkruste 149
- ~ Bouillabaisse – Fischsuppe aus Marseille 76
- ~ Curry-Fischsuppe 73
- ~ Fischcurry aus Indien 152
- ~ Forelle in Couscous-Kruste 144
- ~ Forellen in Rahmsauce 145
- ~ Forellen-Mousse mit Sauerampfer und Kapuzinerkresse 36
- ~ Kräuterknurrhahn mit Ratatouille 151
- ~ Loup de mer im Salzteig mit Roter Bete 147
- ~ Matjesfilet mit Sellerie-Bohnen-Salat 134
- ~ Rotbarbenfilet mit Fenchel und Orangenfilets 143
- ~ Sauce: Rinderfilet mit Forellen-Estragon-Sauce 28
- ~ Seeteufel mit Kartoffelkruste und Safran-Kokos-Sauce 140
- ~ Seeteufel-Zimt-Spieße 141
- ~ Stockfischkrapfen mit Chili 137
- ~ Tandoori-Lachs mit Zuckerschoten und Minze 153
- ~ Tunfischsalat aus Sri Lanka 138
- ~ Tunfischspieße mit grünem Apfel 35
- ~ Zander mit Senfkruste und Kohlrabi 146
- ~ Zuckerschotensuppe mit Lachs und Kerbel 81

G

Gänsefett/-fleisch
- ~ Confit mit Äpfeln und roten Zwiebeln 45
- ~ Gänsebraten mit Maroni-Kumquat-Füllung 106

Garnelen
- ~ Garnelenschwänze in Paprika-Salsa 136
- ~ Joghurt-Topfen-Terrine mit Garnelen 44
- ~ Sauerampfersuppe mit Garnelen 74

Gemüse
- ~ Andalusische Gemüse-Tortilla 170
- ~ Gazpacho (Variante) 57
- ~ Minestrone 169

Granatapfel
- ~ Feigentorte mit Granatapfelkernen 251

Grieß (Hartweizen)
- ~ Grießauflauf mit Parmesan 187
- ~ Pasta-Taschen mit Knoblauch-Auberginen-Füllung 177

Gurke
- ~ Geeiste Gurkensuppe 56
- ~ Griechischer Gurkensalat (Variante) 19
- ~ Gurkensalat mit Chili 19
- ~ Indischer Gurkensalat (Variante) 19

H

Haferflocken
- ~ Himbeer-Pfirsich-Crisp 246

Hagebutten
- ~ Hagebuttenmarmelade mit Vanille 214

~ Süßsaures Hagebuttenmus
  (Variante) 214
Hähnchenfleisch
~ Backhendl mit Zwieback-Kruste 93
~ Devil-Chicken aus Sri Lanka 88
~ Griechisches Kräuterhähnchen 95
~ Hähnchenrouladen mit Spinat 100
~ Hähnchenwürfel mit warmer
  Ingwersauce 89
~ Hühnersuppe mit Kokosmilch 79
~ Lorbeerhuhn im Gemüsebett 91
~ Perlhuhn in Halbtrauer – Pintade
  demi-deuil 99
~ Pollo al limone (Variante) 95
~ Saté-Spieße mit Mango-Dip 34
Himbeeren
~ Himbeer-Pfirsich-Crisp 246
~ Melonencreme mit Himbeereis 223
~ Schnee-Eier mit Himbeeren und
  Vanillecreme 240
Hollerbeeren/-blüten
~ Hollerkücherl mit Zimtzucker 198
~ Holler-Sauerkirsch-Joghurtcreme mit
  Cashewkrokant 232
~ Hollersirup (Tipp) 198
~ Tofu-Vanille-Knödel auf Holler-
  röster 199

K

Kalbfleisch
~ Grundrezept für feine Brühe 61
~ Kalbfleisch-Piroggen mit
  Zwiebelbutter 117
~ Kalbsfilet mit Limettensauce 118
~ Königsberger Klopse 84
Kaninchen
~ Kaninchenroulade mit Honig-
  karotten 120
~ Rucolasalat mit Steinpilzen und
  Kaninchen 14
Karotten
~ Ingwerkarotten (Tipp) 120
~ Kaninchenroulade mit Honig-
  karotten 120
Kartoffeln
~ Gnocchi mit Wildkräutern und
  Butter 188
~ Hirschnüsschen mit Kartoffelschnee
  und Karamelläpfeln 131
~ Kartoffelblech mit Borretsch 189
~ Kartoffeln auf dem Blech mit
  Knoblauch 159
~ Kartoffelnudeln in Mohnbutter 200
~ Kartoffelpizza aus Sardinien 157

~ Kartoffelsalat (Tipp) 93
~ Kartoffelsuppe mit Pfifferlingen 68
~ Maronen-Kartoffel-Suppe 66
~ Rehragout aus den Vogesen
  mit Pfifferlingen und
  Kartoffelpüree 128
~ Rösti mit Rosmarin 159
~ Seeteufel mit Kartoffelkruste und
  Safran-Kokos-Sauce 140
~ Zweifach gegarte Taube aus der Drôme
  mit getrüffeltem Püree 107
Kichererbsen
~ Kichererbsenplätzchen 175
~ Kichererbsensuppe mit Minze-Käse-
  Wan-Tans 63
Kirschen
~ Kirschkuchen mit Zimtstreusel 243
~ Millirahmstrudel mit Kirschen 205
~ Topfenauflauf mit Kirsch-Zitronen-
  gras-Spießen 203
Kohlrabi
~ Zander mit Senfkruste und
  Kohlrabi 146
Kokosmilch
~ Hühnersuppe mit Kokosmilch 79
~ Kürbissuppe mit Limetten 78
~ Rosa Kokospudding 236
Kürbis/-kerne
~ Entenbrust im Salzteig mit
  Kürbisflan 102
~ Kürbiskern-Mousse mit Ziegen-
  frischkäse 38
~ Kürbissuppe mit Limetten 78

L

Lammfleisch
~ Asia-Lammkeule mit Süßkartoffel-
  püree und Mangold 121
~ Gespicktes Lamm mit Knoblauch und
  Rosmarin 123
~ Lammrücken im Thymian-Brot-
  Mantel 125
Leber/-wurst
~ Leber mit Apfel und Speck 87
~ Risotto mit Hühnerleber 86
~ Schnelle Leberpastete mit
  grünem Pfeffer 42
Linsen
~ Indischer gelber Linseneintopf mit
  Koriander und Ingwer 174
~ Petersilien-Linsen-Suppe mit
  Kreuzkümmel 70
~ Truthahnroulade mit Kirsch-
  tomaten 96

M

Mango
~ Saté-Spieße mit Mango-Dip 34
~ Walnuss-Mascarpone mit Mango 225
Mangold
~ Asia-Lammkeule mit Süßkartoffel-
  püree und Mangold 121
Marillen
~ Marillen-Pistazien-Kugeln 237
~ Marillentarte mit Zwetschgen-
  creme 257
Maroni
~ Gänsebraten mit Maroni-Kumquat-
  Füllung 106
~ Maronen-Kartoffel-Suppe 66
~ Pochierte Birnen mit Maronen-
  Mousse 224
Melone
~ Melonencreme mit Himbeereis 223
~ Melonensalat mit Feta und
  Minze 18
Mohn
~ Kartoffelnudeln in Mohnbutter 200

N

Nudeln
~ Kärtner Kasnudeln 178
~ Marokkanische Bandnudeln mit
  roten Linsen und Spinat 182
~ Pasta-Taschen mit Knoblauch-
  Auberginen-Füllung 177

P

Papaya
~ Papaya-Sorbet mit Ingwer 221
Paprikaschoten
~ Garnelenschwänze in Paprika-
  Salsa 136
~ Paprika-Dip mit Topfen 48
~ Paprika-Mousse mit Artischocken 39
~ Paprikasauce (Tipp) 121
Pesto
~ Kräuterpaste aus rotem Klee 181
~ Spinat-Pesto 180
~ Parmesan-Koriander-Pesto 181
~ Rotes Pesto mit Cashewkernen 180
Pfirsich
~ Himbeer-Pfirsich-Crisp 246
Pilze
~ Frittata mit Waldschwammerl 171
~ Gefüllte Morcheln 161
~ Kartoffelsuppe mit Pfifferlingen 68
~ Perlgraupen-Risotto 185
~ Polenta mit Steinpilzen 187

Register 271

~ Rehragout aus den Vogesen mit
Pfifferlingen und
Kartoffelpüree 128
~ Risotto mit Hühnerleber 86
~ Rucolasalat mit Steinpilzen und
Kaninchen 14
~ Schwammerlgulasch 160
~ Seeteufel mit Kartoffelkruste und
Safran-Kokos-Sauce 140

Polenta
~ Polenta mit Steinpilzen 187
~ Süßer Polenta-Auflauf 202

Putenfleisch
~ Putenschnitzel mit Kräuter-Ziegen-
käse-Füllung 98
~ Saté-Spieße mit Mango-Dip 34
~ Truthahnroulade mit Kirsch-
tomaten 96

R

Reis
~ Risotto mit Brennnesseln 184
~ Risotto mit Hühnerleber 86
~ Seeteufel-Zimt-Spieße 141

Rindfleisch
~ Chili con Carne (Variante) 71
~ Marinierte Rindersteakspieße mit
Orange 112
~ Rinderfilet mit Forellen-Estragon-
Sauce 28
~ Rindfleischstreifen mit Bambus und
Ingwer 114
~ Tafelspitz mit Rotweinschalotten 116
~ Thailändischer Rindfleischsalat 115

Rote Bete
~ Loup de mer im Salzteig mit
Roter Bete 147
~ Rote-Bete-Suppe mit
Kreuzkümmel 67

Rucola
~ Rucolasalat mit Steinpilzen und
Kaninchen 14
~ Rucolasuppe mit Parmesan 58

S

Sauerampfer
~ Forellen-Mousse mit Sauerampfer
und Kapuzinerkresse 36
~ Sauerampfersuppe mit Garnelen 74

Schafskäse
~ Griechische Füllung (Variante) 31
~ Griechischer Gurkensalat
(Variante) 19
~ Kartoffelpizza aus Sardinien 157

~ Kichererbsensuppe mit Minze-Käse-
Wan-Tans 63
~ Melonensalat mit Feta und Minze 18

Schokolade
~ Buttermilchblinsen mit Schokoladen-
eis und Erdbeeren 244
~ Französische Schokoladencreme-
torte 258
~ Mousse au chocolat mit Brombeer-
sauce 226
~ Schoko-Cake New York 260
~ Schokoladen-Ramequins 261

Schweinefleisch
~ Cassoulet aus Castelnaudary –
Hauptstadt des Cassoulet 105
~ Jungschweinebraten mit
Gewürznelken 109
~ Schweineschnitzel mit Salbei 110
~ Wildschweinbraten aus dem
Spessart 129

Spinat
~ Hähnchenrouladen mit Spinat 100
~ Kräutersuppe mit Spinat 58
~ Marokkanische Bandnudeln mit
roten Linsen und Spinat 182
~ Spinat-Pesto 180
~ Torta Pasqualina – Ligurische
Ostertorte 172

Süßkartoffel
~ Asia-Lammkeule mit Süßkartoffelpüree und Mangold 121

T

Taubenfleisch
~ Zweifach gegarte Taube aus der
Drôme mit getrüffeltem Püree 107

Tomaten
~ Brotsalat mit Tomaten und Kapern 25
~ Fenchelessenz mit Oliven-Tomaten-
Zigarre 52
~ Fischcurry aus Indien 152
~ Kardinalsuppe 60
~ Kräuterknurrhahn mit Ratatouille 151
~ Lorbeerhuhn im Gemüsebett 91
~ Melanzani-Tomaten-Salat mit
Rosinen 20
~ Rotes Pesto mit Cashewkernen 180
~ Sauce: Hähnchenrouladen mit
Spinat 100
~ Sauce: Kartoffelpizza aus
Sardinien 157
~ Tomatenkaltschale 57
~ Tomatensuppe mit Basilikum-
nockerln 55

~ Truthahnroulade mit Kirschtomaten 96

Topfen
~ Joghurt-Topfen-Terrine mit
Garnelen 44
~ Kärntner Kasnudeln 178
~ Käsekuchen 253
~ Kürbiskern-Mousse mit Ziegen-
frischkäse 38
~ Paprika-Dip mit Topfen 48
~ Topfenauflauf mit Kirsch-Zitronen-
gras-Spießen 203
~ Topfengelee mit Erdbeeren 229
~ Topfen-Hirse-Füllung (Variante) 179
~ Topfenpalatschinken mit Berberit-
zensauce 209
~ Topfen-Semmel-Füllung
(Variante) 179
~ Vargabèles – Schusterstrudel aus
Ungarn 208

Trüffel
~ Crème brûlée mit Trüffeln
(Variante) 234
~ Feines Trüffeleis (Variante) 218
~ Perlhuhn in Halbtrauer – Pintade
demi-deuil 99
~ Polenta mit Steinpilzen 187
~ Zweifach gegarte Taube aus der
Drôme mit getrüffeltem Püree 107

Z

Zucchini/-blüten
~ Gefüllte Zucchiniblüten 31
~ Kräuterknurrhahn mit Ratatouille 151
~ Lorbeerhuhn im Gemüsebett 91

Zuckerschoten
~ Perlhuhn in Halbtrauer – Pintade
demi-deuil 99
~ Tandoori-Lachs mit Zuckerschoten
und Minze 153
~ Zuckerschotensuppe mit Lachs und
Kerbel 81

Zwetschgen
~ Marillentarte mit Zwetschgencreme 257
~ Zwetschgendatschi mit Zimtzucker 256

Die Backofentemperaturen beziehen
sich, sofern nicht anders angegeben, auf
Elektroöfen (Ober- und Unterhitze).